大是文化

正向誘導技術

做事輕鬆的人都很懂的

日本權威心理學家
內藤誼人——著
劉錦秀——譯

命令，人會排斥；暗示，人會行動，

世界頂尖大學實證，正向誘導，
連個性都可以改變。

Contents

推薦序一

人人都是暗示高手

小花心理學／小花老師

作者以社會心理學的觀點，探討個人如何受到團體的影響，將生活中隨處可見的暗示，包括姓名、言語、動作、臉部表情、微笑、圖案等都能對個體的思考行為產生暗示，穿插多個有趣的心理學實驗來佐證。例如，中午和下午六點、個人體溫高的時候容易被暗示；權威讓人盲從；正面訊息比較容易被暗示；常常把推測當作是事實，尋求證據的過程中，我們不是一個講求理性推論的科學家，而是比較像善辯的律師，去尋找支持自己假設的證據。

這種動機性推論所造成的肯定偏誤（個人無論合乎事實與否，偏好支持自己的成見、猜想的傾向），更肯定自己的想法一定是對的，縱使被騙也很難察覺，使得假新聞到處流竄；另外，書中還提到信任別人、童心未泯、性情溫柔、想像力豐富、容易跟曲子產生共鳴的人比較容易被誘導，看到讓人欲罷不能，閱讀的時候感受到會心一笑，這說的不就是我嗎？

出門看到櫥窗燈光帶來光明的感受，讓人們忍不住駐足去欣賞他的產品；路人不經意交談，路人甲說：「大家都是這樣覺得，你說是不是啊！」因為人是模仿的動物，讓擁有鏡像神經元（mirror neuron）的人類開始忍不住有樣學樣、模仿他人意見。透過「大家」進行社會性誘導，交談的路人乙回應：「嗯！我也這麼覺得……。」

暗示的有效性來自大腦網狀活化系統（Reticular Activating System，簡稱RAS），功用為意識開關，就像體內的谷歌，大腦每秒處理超過四百億個資訊，端看個體加入哪些關鍵字作為搜尋，通常只會注意到其中大約兩千個項目，即使是達成目標所需的資訊就在眼前，大腦也不會將它判定為重要的資訊，以至於個體無從得知這些方法，心盲造成視而不見的不注意視盲（inattentional blindness）和改變視盲（change blindness）也是如此，注意力是有選擇性的，只有夠特別，才看得見！

網狀活化系統把資訊分為「即時讀取」與「深層儲存」，根據個體想達成的目標來找出資訊，想法會創造現實，現實又進一步證明自己的想法。吸引力法則倡導心存正念，就能讓想法成真，說得準確一點，好運降臨並不是因為吸引力，而是被看見。透過暗示的力量誘導自己成為想成為的人，不斷想著你想像的角色會做出什麼行為，你就會越來越像那個角色，每天熱情演出就會真正成為你所希望的角色，想像訓練本身也會有效。

作者特別提示不可以有負面的暗示，否則你所害怕的妖就會出來作怪。例如，害怕自己生病，所出現的畫面就是自己病懨懨的狀況；經常說自己沒自信的人，就會表現出沒自信的行為；經常說自己遲到的人，也都不容易準時，是自己把自己的人生搞砸。看到不如意的畫面，這就是負面暗示，要立即停止思考。正確的做法應該是想像自己精神飽滿、活力充沛，有能力可以完成預期的目標，今天就決定早到公司三分鐘，是自己讓生活充滿奇妙的感覺，自己提升了自己的成就。誘導與暗示會讓我們最強的念頭成真，改變網狀活化系統，就會改變眼前的世界！

一、動手寫下明天要完成重要的三件事：讓網狀活化系統能即時讀取個體心心念念的具體目標。

二、理想願景的最終目標：腦中深層儲存的意念，會讓個體努力勤奮追逐目標，並注意環境中實現目標的各種線索。

三、不放棄：面對挑戰時，維持成長心態，遇到困難採用樂觀解釋型態（optimistic explanatory style），堅持到底，透過個體對未來的控制感，看到自己有成功的機會，因為心想，所以事成！

透過本書，人人都可以讓自己成為「暗示自己，也誘導別人」的高手！

推薦序二

人生停滯的你，欠缺了一個正面暗示！

諮商心理師、聽你說科技創辦人／艾彼

如果有人問我：「希望伯樂賞識，不知道這樣會不會太不切實際？」我會回覆：「有這個想法很好，但你的用語需要修正。」

首先，這個句子有兩點完全不符合正向的心理暗示。第一點，發生在「希望」這個用語上，很多人會抗議，這不就是發願嗎？內心有一個想法然後對宇宙下訂單？錯！希望這個詞，不是一個行動策略。

說到希望你會想到什麼？典型的畫面，就是一個小男孩或小女孩跪在窗前仰望著天上的星星，希望有一道流星飛過，讓他可以許願。現在你明瞭了嗎？希望是一個典型表示等待的詞，不帶任何行動力。

不帶行動力的詞，不會讓一個人真的動起來，去找所有資源，伯樂也不可能看見或賞識他。他該做的就是「走出去，為自己做點事」，擁有行動的力量，才不可能永遠只是希望。

第二點，這個句子後面加上了一個自我打擊。明明她認為自己有才華，需要被伯樂賞識，但句子後面，她自我批判了一番，說自己想被賞識的願望不切實際。她在後半句裡，全然展露了對自己的不自信。這就不是一個正向的心理暗示，反而變成一個會拖垮她的心理暗示。

這對於想被看見的人而言，當然不是件好事。對伯樂有能見度的人，一定是那些不斷行動、持續進步，且全然相信無論何時都有人會看著他、觀察他，適時給予幫助的人。而不是對自己充滿懷疑，認為自己什麼都無法做到的人。

是不是很有趣？明明我們都知道心理暗示的效果非常大，卻有很多人，仍在下心理暗示的時候脫離不了負面。書裡面提到，在成長的過程裡，你一定遭遇過許多詆毀你、貶低你的人事物，讓這些事物存在你身邊。比如國小四年級時，當妳興沖沖的回家跟媽媽說：「媽！今天作文寫我的志願，我寫我要和周子瑜一樣當一個韓團明星。」

媽媽的反應，大概不會是：「哇！你好棒！我們來研究一下怎麼成為韓團明星。」而比較可能是「哈，妳這麼愛吃，韓團明星每個都要減肥，妳這麼胖不行啦！」或是「作文寫一寫可以啦，媽媽以前也是寫我要當臺灣總統阿，妳看我現在在幹嘛？」

這些就是成長過程中無意識的受到了詆毀，而不是真的鼓勵你往前進，持續為了想要的生活行動。這些詆毀與負面暗示，基本上就會在你心裡種下負面暗示的種子，當你最需要正向暗示的時候，這些負面暗示的聲音就會一直不斷的冒出來，越來越大聲，阻礙你前進。

負面暗示人人都有，只是要破除這些負面暗示，你需要做很多內在清理的工作，也就是內在療癒。想像一下，過去你的心裡面如果充滿這些汙穢的負面句子，是不是也沒有空間裝入新學習到的正向句子？我的工作，就是在幫一個人清理他內在的汙穢，裝進正向語句。對自己內心下功夫，會讓你事半功倍，絕對是！

推薦序三

暗示的力量——不費力、不撕裂關係也能達到目的！

Ashley心理科學苑創辦人、《你的溝通必須更有心機》作者／Ashley

「千萬不要讀這本書！」

當你看到上述這句話時，已經被我「暗示」了。書中提到，哈佛大學社會心理學家丹尼爾．魏格納曾做過一個實驗，在這個實驗中，他要求學生：「拜託你們在上課過程中不要想到白熊，如果想到白熊，就拉鈴。」結果，才剛說完這句話，鈴聲四起。

魏格納稱這種現象為「反彈效應」，又稱「白熊效應」，當用否定命令句要求大家「不要……」的時候，大家反而更想去做，就像潘朵拉的盒子一般，明知不可以打開，但你越要我不要開，我就越想打開。

同理，我們小時候，都聽過父母告訴我們：「多穿點，不要感冒了！」但這麼說，我們反而會一直想著感冒的畫面，根據吸引力法則，或稱「心想事成」的力量，反而讓自己感冒了。

因此，暗示，可以是正面的，也可以是負面的，這時候懂得正確的暗示用詞就很重要，暗示錯誤，反而造成反效果。

例如，比起不要感冒這種帶有負面意味的畫面，不如想像「身體健康、健步如飛」的畫面，同理也可以運用在減肥。許多人減肥失敗，正是因為用錯暗示用詞，一想到減肥，就想到節食的痛苦，即使減掉的是肥肉，也是自己花很多心力養出來的。因此我們可以用塑身來代替減肥，方能達到自我暗示的正面效果。

有些人或許會覺得，用暗示來操弄自己或誘導他人，好像聽起來有點心機。但根據我長期在各大企業教授協商溝通的相關課程發現，溝通，是需要正確知識以及技巧的，太直白不但容易得罪人，也會讓談判陷入僵局。這道理就跟我寫的書《你的溝通必須更有心機》是類似的概念，善用心理學的方法，打開對方的心理機關，方能溝通順利。

對我來說，有理論基礎作為根據來說話，是一件很重要的事情，畢竟理論背後有大量的實驗數據支持，總比個人經驗來得適用。而這本書，裡面引用了相當多的心理學實驗，藉此告訴讀者，這些暗示方法要如何運用才能產生效果。例如書中提到，在談判的時候，如果希望對方不要砍價太多，那要讓對方坐在「軟」椅子上。

「什麼？坐在軟椅子上就可以讓對方不要殺紅眼嗎？」你心底有點相信又不太相信。可見，你還沒被我說服。

但是如果我這麼告訴你，麻省理工大學的心理學家約書亞・阿克曼（Joshua

Akerman）曾做過一個實驗，他讓兩組受試者分別坐在硬的木頭椅子跟柔軟的沙發上，跟車商進行談判，看兩組受試者最後會用多少錢，買下一部定價一萬六千五百美元的車。結果，坐在硬的木椅那組，希望可以用八千九百六十五美元購入，而且協商過程的態度非常強硬；坐在柔軟沙發那組，則認為只要比定價略低一點，大約賣我一萬兩千四百三十六美元，我就心滿意足了。

現在，你又不知不覺中了作者埋伏的暗示，利用實驗或是偉人說過的話，支持自己提出的概念，讓對方信服。

聰明的人，懂得善用技巧，幫自己的溝通事半功倍！尤其如果你對心理學、催眠或ＮＬＰ（神經語言程式學）感興趣，那麼這本書相當適合入門者閱讀！

前言

世界一流大學的誘導心理學實證

一聽到「誘導」兩個字，有人會感到陌生，或覺得好像很艱深。但是，大家不必想得這麼難。

事實上，我們的日常生活處處充滿誘導或稱為暗示，而且每個人在不知不覺當中都會接觸到它。

當我們跟別人說話、專心想事情、努力工作、享受購物樂趣的時候，暗示隨時都有可能悄悄出現，影響我們的情緒、思維，甚至是行為。

因此，如果能夠在生活中刻意使用，我們可以過得更多采多姿、更快樂。

在本書中，我會一面介紹以哈佛大學、史丹佛大學、麻省理工學院、普林斯頓大學等名校為首的無數研究機構，所進行的心理實驗，一面傳授大家在日常生活當中，可以靈活運用的各種誘導技巧。

本書所闡述的誘導，是指藉由言語、動作、示意、暗號等，影響一個人的思考、感情、行為，進而產生誘導、操控效果的心理手法，除了可以藉此改變自己之外，也可以操控別人。

「我打從心裡相信自己的才能。」
「我的溝通能力很強，所以沒有人際關係的困擾。」
「我會做事，也會做人！」
「我享受人生，有個人的私生活。」

看到具備這些正向心態的人，任誰都會很羨慕吧！實際上，大多數成功的人都會善用暗示，讓自己發揮最大的能力，並過上自己想要的生活。

只要解開「負面暗示」，就會有信心、有力量

如上述，如果暗示或誘導是用於正面方向，就會產生許多好處，但有一點要注意，就是人也會給予自己負面的暗示。

「我沒有這種才能。」
「我口才拙劣，不會建立人際關係。」
「如果失敗的話怎麼辦？」
「我不可能變成有錢人。」

如果像這樣，打從心底認定自己不行，或是說一些否定自己的話，這些想

法就會推著自己往這個方向前進，並且變成事實。

體貼、溫柔、才華洋溢的人，感情都很細膩、敏感，所以常會自責，甚至懊悔，這種情緒一旦出現，就會啟動負面的暗示，委實可惜。因此，我非常希望大家都能夠善用正向誘導，成為自己的助力。基於這個想法，我寫了這本書，網羅了各種有趣的正向誘導技術，希望能夠對大家的人生帶來幫助。

本書所介紹的，全都是嶄新的心理實驗，閱讀起來絕對不會枯燥無味，讀完之後，你應該就會發現自己的心態不但變輕鬆，而且還活力十足。誘導無所不在，請大家一定要試試看。

1

做事輕鬆的人
都積極使用的心理技巧

1 九成的人都會用，只是自己不知道

各位讀者在日常生活當中，就已經在使用暗示，而且還讓自己置身其中。譬如，早上起床時，有人會閃過這個想法或說出這句話：「今天早上不知道為什麼，感覺自己的狀況很好！」這就是一種正向誘導。有了這種想法之後，一整天就會覺得格外輕鬆，而且表現也比往常好。

這是把誘導使用在好的方面的例子，但是也有相反的。例如，在日常生活當中，手腳總會有不小心擦傷或受傷的時候。有趣的是，人多半在發現自己受傷的那一瞬間，才會開始覺得痛，沒發現、沒注意時完全不感覺痛，一旦發現就會開始發牢騷、跳著喊痛，讓自己陷入不愉快的思維當中。

這是因為深信「受傷就應該會痛」的暗示，所以開始覺得痛。這時，如果

積極正向的想法會產生好的誘導效果

真的很順利

結果，事與願違

心裡的聲音也是一種強力的暗示。

有人說：「我買好吃的蛋糕來了。」你的注意力一轉向蛋糕，便會暫時忘記疼痛。

就像這樣，有時無意間在腦海浮現的想法，會變成一種誘導，讓你心情起伏不定，甚至影響一整天的生活方式。還有，如果在不知不覺中被他人誘導，進入「催眠狀態」，就會盲從相信對方所說的話，甚至照著對方的意思去做。

常有催眠師上電視節目表演，這些人在節目當中會大量使用誘導。或許大家會認為他們用的是一些特別的手法，不過沒這回事，這就是心理學而已。

讀小學時，班上會有某一位男同學特別受女同學歡迎。當女同學都對這位男同學說：「○○，你好帥喔！」他就會對這句話深信不疑。這種深信就會變成一種暗示。結果，就產生了集體催眠的效果。

每個人從小就會不知不覺接觸、使用暗示，並進入催眠的狀態。這時，如果這個誘導是朝正確、順利的方向展開，就沒什麼問題。但有時也會朝著負面的方向展開，就會造成反效果。

暗示的力量會讓一個人的行為受到莫大的影響，但程度大小沒有人知道，

只要使用得當，就可以充分引出大家的能力，讓人生更多采多姿。

本節重點

配合當下的狀況，讓自己主導並使用誘導技術。

讓暗示變武器

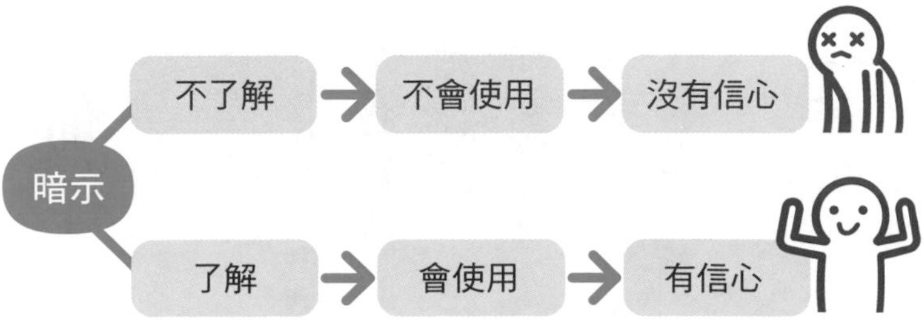

2 命令，人會排斥，暗示，人會行動

平時，我們的行為看起來是有意識的，但其實絕大部分的行為都是被潛意識的力量影響。能夠讓這種潛意識馬力全開的就是暗示。現在，我就稍微說明一下，和暗示密切相關的潛意識。人的心裡，有意識和潛意識兩個部分。

瑞士心理學家卡爾・榮格（Carl Jung），以冰山為比喻說明這兩個部分。根據榮格的說法，意識只不過是在海面上可以看得到的一小部分冰山，潛意識則是藏在冰山底下的一片無垠世界。而這種潛意識對人的思維、行為等有極大的影響力。

總之，雖然人看起來是有意識的做出行為，但事實上，人的動作大半是被潛意識的力量驅動。因此，如果藏在冰山下的潛意識不運作，人就不會有所行動。

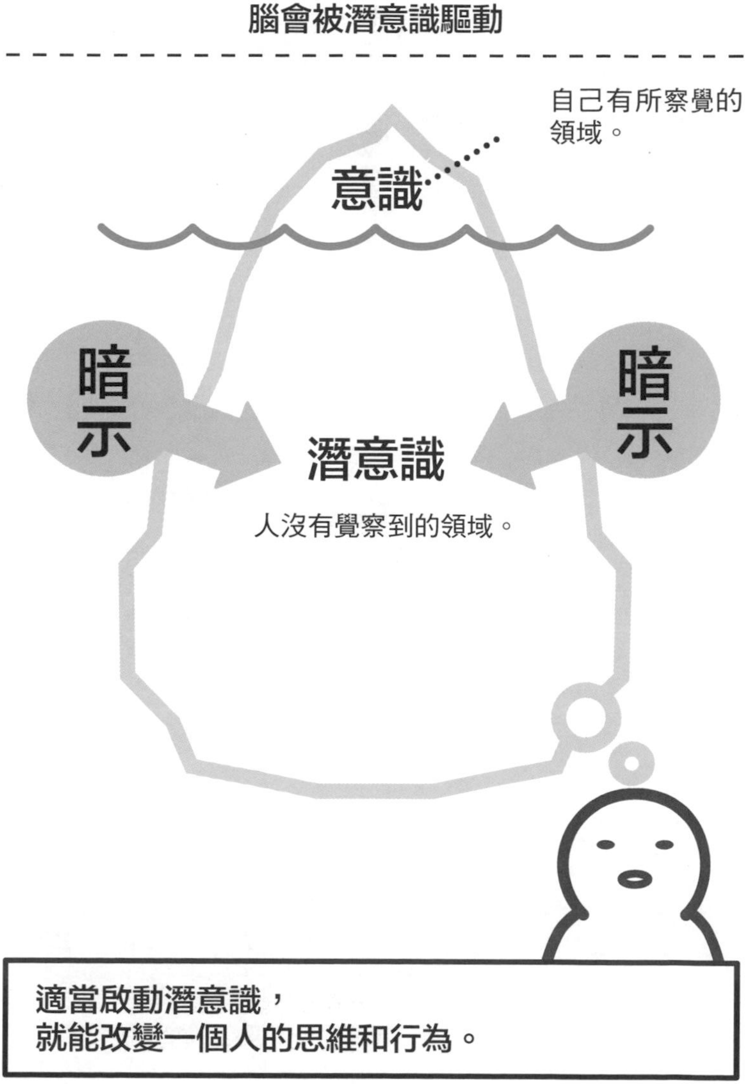
腦會被潛意識驅動
自己有所察覺的
領域。
意識
暗
示
暗
示
潛意識
人沒有覺察到的領域。
適當啟動潛意識，
就能改變一個人的思維和行為。

我再重複一次，暗示會影響潛意識。

暗示主要透過不著痕跡的話語、動作、示意、暗號等呈現。如果是「快去讀書！」、「快去整理！」等直接的指示、命令，不會變成暗示。因為這麼做只不過是推了意識一把，有時反而會讓對方有所排斥，而無法達到改變對方行為的訴求。聽起來很難理解，但暗示會驅使他人接受而不拒絕，然後再慢慢產生效果。

當意識和潛意識產生矛盾時，獲勝的一定是潛意識。直接命令某個人去讀書，這個人就偏偏去上網；直接命令某個人去整理房間，可是房間就是凌亂不堪，不整理。

從上述例子我們可以得知，只有潛意識的力量夠強，才有可能讓一個人去做符合你希望的動作。

那麼，我們可以透過啟動對方的潛意識，讓對方捨棄他的壞習慣嗎？當然可以，只要使用正向誘導，就容易讓對方養成你所期望的好習慣。甚至還可以

如何有效誘導他人？

✕ 直接訴求

○ 不著痕跡的誘導

不要直接要求，要間接引導！

成功讓對方去努力讀書、鍛鍊肌肉、減重。

了解運用誘導的高明方法之後，接下來我還要再更進一步詳談，如何真正派上用場。

本節重點

要啟動對方的潛意識！不要直接命令，要用間接誘導的方式。

3 做事輕鬆的人都懂正向誘導

誘導與暗示會融入我們的生活當中，讓我們的情緒、行為在不知不覺中受到影響。因此，平時如果能夠了解存在什麼樣的暗示，或是會受到什麼樣的影響，就能夠成為誘導的達人。

首先，我們一起來看看，生活當中各種暗示的狀況。在街頭漫步或購物時，大家一定會看到各家企業的標誌或公司名稱。

事實上，這些當中都有誘導——拉近和顧客之間的距離、提升顧客對公司產品的好感度、讓顧客選購公司的產品，就是它們的作用。甚至還有研究指出，企業的標誌具有提升股價的效果。大家應該都有這種經驗吧！只是路過一家店，卻在店員的建議下，不由自主的衝動購買。

生活中無所不在的誘導

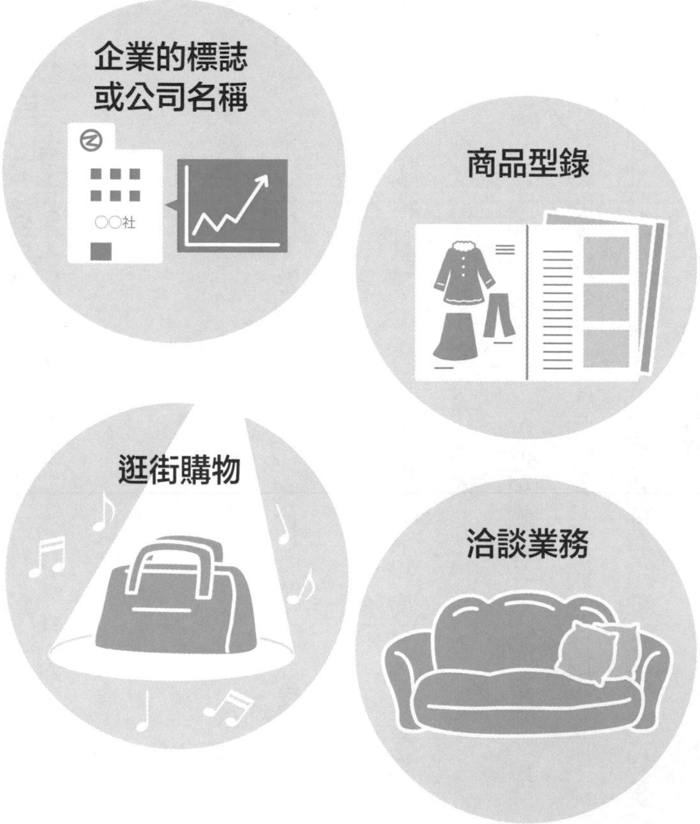

人人都會在不知不覺中接觸到暗示，並受到各種影響。

那時的你，絕對是被暗示影響。

刺激顧客的購買慾、讓談判朝有利的方向發展等各種商業場合上，理所當然都會使用暗示來誘導。

因為誘導是一種啟動潛意識的心理手法，所以在大部分的場合，人並無法察覺「這就是誘導」。

因此，為了讓自己不在沒有防備的狀況下，接觸到生活中無所不在的引誘，一定要先了解其使用方法及效果。

許多在工作上成就非凡、受人愛戴、擁有崇高社經地位的人，都會戰略性的誘導別人，進而達到他想要的結果。

本節重點

能夠熟練運用暗示，人生會更精采有趣。

4 藏在企業標誌裡的形象誘導

企業的標誌符號裡，都有不著痕跡的「用心」。這種不容易被消費者、顧客察覺的用心，就叫做「閾下刺激」（Subliminal stimuli，是個體在無意識時會受到的任何感官刺激），簡單來說，這就是一種誘導，在人不容易察覺的地方，若無其事的帶來暗示效果。

譬如，關於聯邦快遞（FedEx）公司的標誌。「這不是很一般的標誌嗎？」有人或許會這麼想。不過，閾下刺激就藏在這個標誌裡。仔細看「E」和「X」之間的空間，就會知道裡面藏著一個箭頭符號（見左頁）。看到這個標誌，就算不知道這家公司，也會產生一種「流動感」的印象。對物流業者而言，最重要的就是「流動」。除了流動感之外，還讓人感受到速度感，甚至還有「使命必達」的感覺。這是巴勒斯坦的比爾宰特大學（Birzelt University）的維丹・阿布・佳塞拉（Wijdan Abu Ghazaleh）所提出來的。雖然佳塞拉並沒有透過實驗證實此標誌帶來閾下刺激的效果，但是有很多心理學家都在研究閾下刺激。

「好奇怪，我就是想買這個商品！」當我們有這種感覺的時候，雖然不清楚是什麼理由，但是極有可能就是受到了某種誘導的影響。

本節重點

企業的標誌設計，須帶來閾下刺激的影響。

藏著箭頭！
FedEx
Corporation

5 分到「A」組，成績明顯變好

漫不經心看到的東西，竟然會左右人的能力。有實驗就告訴了大家這個令人震撼的事實。

標記第「一」，暗示自己成為一流

密蘇里大學的基斯・西亞米（Ciani, K. D.），考二十三名大學生十五個問題。他把學生分成兩組，一組的試卷右上方寫著「題庫代號：A」，因為這行文字看起來只是在告訴學生「你的註冊號碼是A」，所以學生沒多留意。

另一組的試卷右上方寫的是「題庫代號：F」。也看起來像是告訴學生「你的註冊號碼是F」，所以這組的學生也沒有很在意。

事實上，西亞米透過這種方式誘導學生。在美國，成績高低通常會用「A」至「F」評分，「A」是最高，而「F」則是最差的成績。

雖然註冊號碼並沒有什麼實質的意義，但是西亞米心想，A和F是否會在潛意識之間暗示學生：「你的成績是A、你的成績是F。」

結果，這個實驗證實了西亞米的假設。試卷上寫著A的這一組，十五題中平均答對十一．○八題；寫著F的這一組，

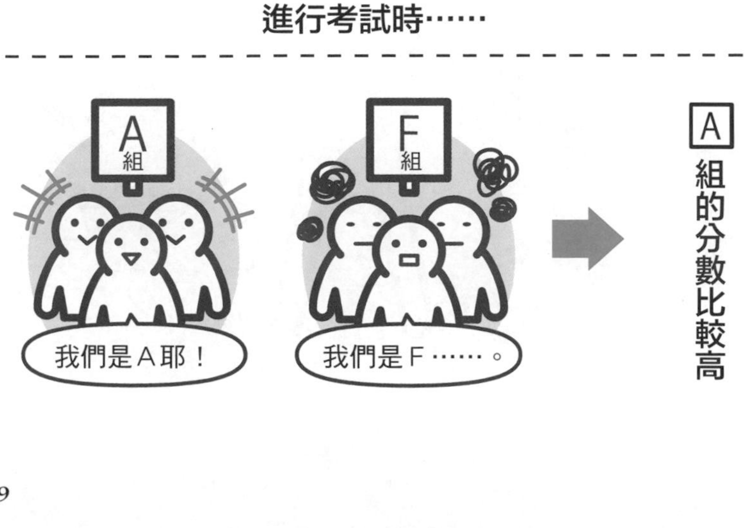

只答對了九．四二題。

當然，A的這一組，並非個個都是最優秀的學生。但是，不經意看到試卷上寫A的學生，不知何故腦筋就是變好了。這表示我們會被無心瞄一眼的東西所影響。

因此，如果我們在自己使用的記事本上，寫上一個大大的「一」，或許就會產生「只要竭盡所能，業績一定可以拿第一！」或「我一定可以做一流的人！」之類

的想法。抑或是將手機的待機畫面設定為數字一，每次一打開手機，或許就可自我暗示：「我是第一名！」、「我是一流的！」

本節重點

預先把可以顯示第「一」的數字或記號，放在可以看得見的地方。

6 名字響亮，好感度會增加

公司名字越好記，越容易讓人產生好感和親近感。反之，公司名字如果難發音，就會產生一種距離感，讓人留下不好的第一印象。

亞當．阿爾達（Adam Alter）曾研究，公司名字的響亮度，是否會給股價帶來暗示性的影響？他認為，公司名字叫起來響亮的企業，比較容易受到投資家的青睞，所以也會帶動股價上漲。

他推測，投資家除了客觀的指標之外，也會下意識的看公司名字是否響亮，來決定是否要投資。公司名字不夠響亮的企業，應該比較不受歡迎。

阿爾達為了簡化分析，使用了股票代號（ticker code，用來識別股票市場中，進行交易的股票。台股多為數字；美股多為公司名稱的縮寫英文字母）。如果把所有的公司名字都拿來分析的話，資料一定會非常龐大，所以實驗中只分析以三個英文字母作為股票代號的公司。

舉例來說，容易發音的股票代號，為「KAR」；不容易發音的股票代號，為「RDO」。阿爾達先把股票代號分成兩組，一組是容易發音的股票代號，一組是不容易發音的股票代號，然後再分析它們在紐約證券交易所和美國證券交易所的交易資料。

結果發現，假設以投資一千美元來計算績效，一天後，容易發音的公司比不容易發音的公司，多了八十五．三五美元的利潤。

這證明阿爾達的假設是正確的。每個人都一

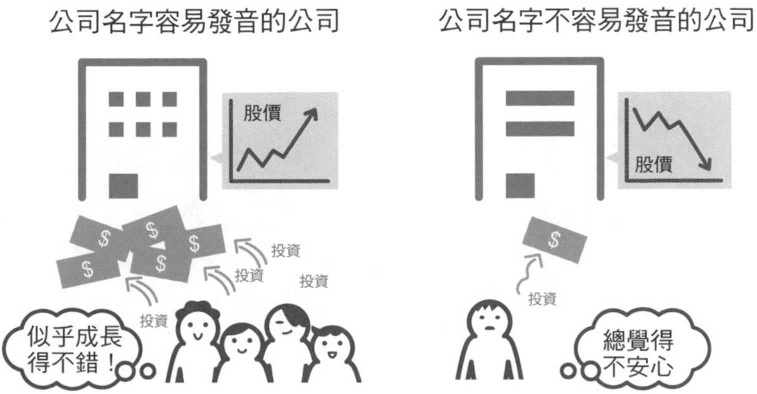
公司名字容易發音的公司
股價
投資
投資
投資
投資
似乎成長得不錯！
公司名字不容易發音的公司
股價
投資
總覺得不安心

樣，對於比較容易發音的東西，會比較有好感；反之，只要叫起來很彆扭，就會敬而遠之。這種現象不是只有公司名字如此，如果用人名做實驗也能看到一樣的結果。

肯塔基大學（University of Kentucky）的克里斯・奧沙利文（Chris O'Sullivan）也做了一個類似的實驗。在這個實驗裡，他用了兩個人的名字。一個是容易發音，叫起來響亮的馬克・弗萊查爾德（Mark Fairchild）；另一個是不容易發音，叫起來不響亮的喬治・桑邁斯特（George Sangmeister）。他以這兩個名字隨機問路人：「你會把票投給這個人嗎？」

結果，有四七%的人會把票投給馬克・弗萊查爾德，而會把票投給喬治・桑邁斯特的人只有二三%。

未來打算要開公司的人，對於事業內容理所當然會用心思考。除此之外，對於公司的名字也必須謹慎推敲，因為為公司取一個叫起來響亮又容易發音的名字，就能期待公司鴻圖大展。

本節重點

公司名字容易發音，比較容易獲得支持。

7 淡香比濃郁，更讓人有好感

選擇有淡淡香氣的地方和人碰面，真的會因為香氣的關係，讓人覺得格外舒服。除此之外，甚至還會讓見面的人，產生「我是因為見了眼前這個人而覺得心情特別好」的錯覺，進而喜歡上對方。

西北大學（Northwestern University）的溫・李（Wen Li），想透過實驗確認是否可以透過香味，改變自己給對方的印象。

他先準備三種氣味：有芬芳香味的檸檬香、會令人感到不愉快的汗臭味、用來做比較的無色無味空氣。

至於氣味的強弱，他也準備了淡薄得幾乎聞不出來，和異常濃烈馬上就聞得出來的兩個條件。

他先讓三間房間分別充滿三種氣味，然後讓受試者在房間裡看八十張臉部照片，並分別為每張照片的喜歡程度打分數，滿分是十分。

結果，淡淡的檸檬香得到總合最高分。這表示在淡淡的好氣味下，所有人的照片看起來都帶有好感。

反之，就算氣味只是淡淡的，在充滿汗臭味的房間中看照片，所有照片都得不到好分數。但是，當受試者聞到的是濃烈的氣味時，不論是檸檬香還是汗臭味，都不討喜。

以這個實驗為參考，要跟重要人士見面時，可以先讓空間內或自己帶點香氣。不過，必須注意一點，這個香氣要盡可能淡到讓對方感覺不出來，才能為自己的印象加分。

在迎接顧客到來之前，先在空間裡噴一點聞起來很舒服的芳香劑是不錯的做法，這麼做或許可以獲得顧客的高評價。

但如果是久未使用的空間，就不適合這麼做。因為會有股淡淡的霉味，反而會得到反效果。這時該做的是在顧客到來的前三十分鐘或一小時，把所有的窗戶全部打開，讓空間內通風。

本節重點

在有淡淡香氣的空間與人會面，有助於建立良好印象。

8 想改善孩子偏食，先吃給他看

《湯姆歷險記》是一部著名的兒童文學作品，書中有這一段故事：某一天，湯姆的姨媽命令他去粉刷圍籬，但是，湯姆並不想去做。就在湯姆勉強粉刷圍籬的時候，他的朋友班正好路過。於是湯姆就心生一計，開始假裝很快樂的在刷油漆。

看到這一幕的班，對湯姆說：「讓我試試看好嗎？」他中了湯姆的計。結果，班替湯姆完成了所有的粉刷工作。如同這個故事，我們好像都有看到別人做什麼，自己就想試一試的習性。和大家一起吃飯也是如此，別人點的菜，不知何故，就是會非常想吃一口。我們會說：「那個看起來很好吃，分我一點吧！」就是想吃別人的東西。

看你吃，我也想吃

美國杜克大學（Duke University）的羅賓・坦納（Robin Tanner），用實驗證實了「給我吃一口」的心理。

坦納找來一群受試者，讓他們在等待的時間和別人一起享用餅乾。現場有兩個碗，一個碗裝著有各種動物形狀的餅乾，另一個碗裝著魚形餅乾。只是，在現場的其中一位受試者，其實是坦納所安排的臨時演員。這位臨時演員只挑魚形餅乾吃，每隔十至二十秒，他就吃一片魚形餅乾。最後有七一%的人都吃了魚形餅乾。

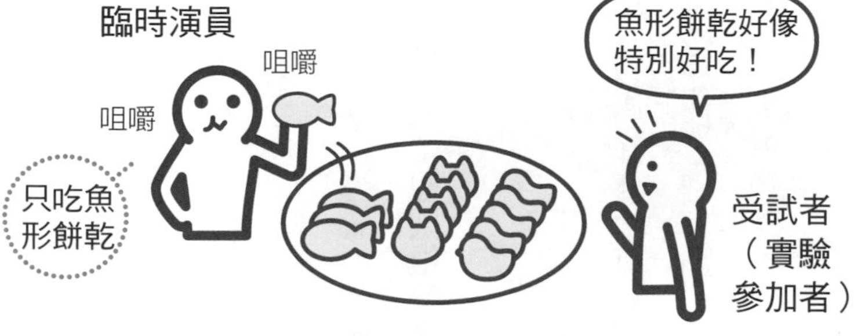

七成的人會模仿別人的動作。

為了做比較，坦納另外做了臨時演員吃動物形狀餅乾的對照實驗，結果，只有四四％的人吃魚形餅乾。從這個實驗中我們知道，看見別人吃什麼，我們也會想吃相同的東西。因此，就算不特意開口說：「真的很好吃，你也吃吃看我點的料理吧！」對方也會想吃。因為人人都會被這種誘導影響。

如果孩子有偏食的習慣，父母只要讓孩子看著自己，津津有味的吃著孩子最討厭的食物就行了。不管是紅蘿蔔還是青椒，爸媽只要邊吃邊說：「好吃！好吃！」孩子就會說：「我也要！」不須怒責孩子：「不喜歡也要吃。」只要使用誘導，就可以修正孩子偏食的習慣。

本節重點

人的潛意識會模仿別人，所以自己可以先做想讓對方做的行為。

9 讚美是最好的誘導技術

我們都喜歡自己。實際上，已有實驗證明，人除了喜歡自己的名字之外，好像連自己的職業也會產生認同。

譬如，在聯誼會上自我介紹時，只要聽到是同業的人，就會莫名對這個人有好感或覺得特別親切。或許這是因為自己深信，「和自己有相同職業的人絕對不是壞人」的緣故。

稱讚對方職業以討歡心

法國布萊茲・帕斯卡大學（Blaise Pascal University）的馬克斯・布拉瓦

（Markus Brauer），找來醫生、律師、服務生、美容師，請他們針對各種職業打分數，滿分是一百分。結果如下表。

從這個結果我們知道，醫生給醫生最高的分數，這表示醫生對於同業的醫生有好感。同樣的狀況也在服務生和美容師身上獲得驗證。服務生和美容師給最高分的，都是從事和自己同樣工作的人。唯一例外的是律師。為什麼律師沒有給同業的律師最高的分數？或許

受試者	職業	分數	受試者	職業	分數
醫生	醫生	69	律師	醫生	58
	律師	51		律師	53
	服務生	51		服務生	50
	美容師	52		美容師	51
服務生	醫生	52	美容師	醫生	57
	律師	44		律師	48
	服務生	72		服務生	52
	美容師	54		美容師	68

（資料出處：Brauer, M.）

是因為律師在法庭見面時，雙方互為敵對的緣故。抑或是在法庭上，為了獲得對自己的當事人有利的判決，律師必須能言善道、露出狡猾的一面。

雖然還是有例外，但是我們基本上還是喜歡自己的職業。因此，當我們詢問他人職業時，不論他回答的是什麼，我們都要用佩服的口吻說：「這個工作不錯耶！」就能討對方的歡心。

就算這個人說：「我的工作微不足道，沒什麼大不了。」其實在他的內心深處，還是對自己的職業感到驕傲。因此，當聽到別人讚美自己的工作時，就會特別高興。

本節重點

稱讚對方的職業，大都能獲得好感。

10 颶風的名字甚至影響孩子命名

即興哼唱電視上所播的廣告歌曲，我想應該是每個人都有過的經驗。這代表我們都會受廣告歌曲的影響。

不經意看到、聽到的東西，會帶給內心暗示性的影響。有趣的是，連剛出生的孩子的名字，也會受到時事所誘導。

因為孩子的名字非常重要，所以父母在為孩子命名時，會邊唸邊認真思考。這時，父母親可能會告訴自己：「千萬不能受到別人的影響……。」但是，似乎不是這麼一回事。

現在我就為大家介紹賓夕法尼亞大學的喬納・貝格（Jonah Berger），在《科學日報》（*Science Daily*）所發表的一個研究。

卡崔娜颶風來襲那年，「K」孩特別多

二〇〇五年八月底，美國南部受到氣候史上最強烈的颶風「卡崔娜」襲擊，造成路易西安那州、密西西比州等地共有一千八百人死亡，約一百二十萬人流離失所。

由於這是美國史上最慘烈的災情，所以各大媒體連日報導。尤其是電視新聞，更是天天卡崔娜、卡崔娜的報個不停。就因為卡崔娜這個名字一直被反覆叫著，所以貝格就認為這個名字會產生影響力。

於是，貝格調查了在卡崔娜颶風重創美國隔年出生的孩子名字。結果，他發現以卡崔娜第一個英文字母「K」命名的嬰兒名字，比卡崔娜來襲的前一年增加了九%。這表示就算名字不是卡崔娜，但是內心深處已受到這個名字暗示的父母，仍無意間替孩子取了以K開頭的名字。

日本在戰前或戰中出生的男孩，很多人都取了既雄壯又響亮的名字。譬如，

「勇」、「武志」等。這也是受到當時社會背景影響的緣故。

日本政府每年都會公布該年孩子名字的人氣排行榜。但其實，每年的人氣名字之所以有些許的不同，也是受到同年話題人物、事件的影響。說到會受常看到、聽到的人事物的影響，就絕對不能不提經常在電視、網路新聞中，看到、聽到的藝人、偶像、運動選手的名字造成的影響。

雖然有人是因為自己是某人的粉絲，就以憧憬為由，替孩子取了和偶像相同的名字。但是，或許有人就是因為不斷反覆聽到這個名字，所以在不知不覺之中，就為孩子取了相同的名字。

本節重點

連為孩子取名字，都會受到誘導。

11 促發效應，改變你的決策與行為模式

人的思考並非全都是一貫的，有些想法其實是隨機出現、沒有脈絡可循。儘管如此，但只要是我們腦袋曾經想過的事情，還是會影響我們之後的行為和判斷。這個叫做「促發效應」（Priming effect，指受到一種刺激時，會影響到另一個刺激的反應）。

如果我那樣想，就真的會照做

芝加哥大學的阿瓦羅納・拉布魯（Aparna Labroo）做了一個實驗。這個實驗就是讓一百一十位大學生看「青蛙」這個單字，測試這個單字會在學生們的

腦子裡留下多鮮明的印象，或是學生是否會很容易就想到青蛙的事情。

接著，他假裝再進行另外一個完全不同的實驗，讓學生們為葡萄酒打分數。在這個實驗裡，他讓學生看兩瓶為一組的葡萄酒，然後請他們選出自己喜歡的葡萄酒。

拉布魯為葡萄酒準備了各式各樣的貼紙。有的貼紙畫的是船、有的是腳踏車、有的是河馬，總共有二十四種。而且，他把畫了青蛙的貼紙也放入其中。拉布魯心想，在第一個實驗裡，被迫看過青蛙這個單字的人，在選葡萄酒的實驗中，會不會在潛意識之間，選擇貼了青蛙貼紙的葡萄酒。

果然，之前被迫看青蛙這個單字的人，在兩瓶一組的葡萄酒當中，選擇貼有青蛙貼紙的葡萄酒的比例明顯高出許多，真的很不可思議。

再介紹一個有趣的實驗。

紐約大學的約翰・巴克（John Bargh），出了一個題

目給三十名大學生。這個題目是：「老人有什麼特徵？」學生們自由聯想，列舉了他們認為的老人特徵。譬如：頑固、臉上有很多皺紋、一頭白髮等。

這個實驗結束之後，巴克請學生離開房間，到走廊等待，其實，從這裡開始才是巴克真正想知道的。巴克測量學生在走廊走十公尺的速度。稍早之前才思考過老人問題的學生，走十公尺的時間是八・八二秒；沒有想過老人問題的另一組學生，走十公尺的平均時間是七・三秒。由此可知，思考過老人問題後，學生在自己沒有察覺的狀況下，走路變慢了。

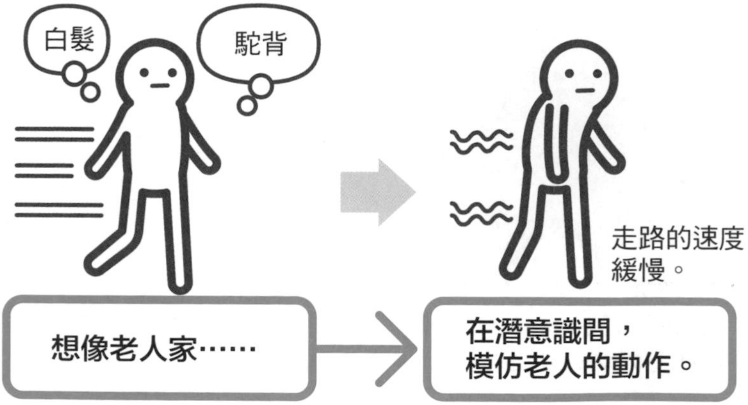
白髮
駝背
走路的速度
緩慢。
想像老人家……
在潛意識間，
模仿老人的動作。

由此可見，人如果總是擔心自己老後的狀況，或不時想到自己上了年紀之後的情形，或許老化的速度就會變快。

因此，可以的話，我希望大家可以在心中描繪活力旺盛的自己，讓自己的每一天都過得很快樂。

本節重點

腦子所想起的事情，會影響一個人的判斷和動作。

12 扭曲認知，對方會按你的意思行事

我們都深信自己非常了解自己，也能控制自己的行為舉止，但真實的情形卻是，我們很常在不知為什麼這麼做的情況下做出某個動作。也就是說，其實很多時候我們是因為受到某種影響，讓我們採取某個行動。

品質一致的絲襪，為何就是偏好其中一雙？

柯爾蓋特大學（Colgate University）的唐納德．萊爾德（Donald Laird），訪問了住在紐約的兩百五十戶人家，請家中的主婦針對絲襪的品質做評論。

在這個實驗裡，萊爾德請主婦們先確認四雙絲襪，然後再請她們從中選出

一雙她們認為最好的。只是，這四雙絲襪全都一模一樣，唯一不同的是絲襪上的味道。萊爾德已先把這四雙襪子分別放入不同的箱子裡，而且不讓箱子裡的味道，有任何機會轉移到其他的絲襪上。

這四雙絲襪中的三雙是有味道的。分別為水仙味、水果味、芳香袋，最後一雙則是沒有味道的。結果有高達五〇％的人選了水仙。

這個實驗最有趣的是，萊爾德問了她們選擇的理由。

「妳為什麼選這雙絲襪？」

「因為這雙觸感比較好。」、「因為這雙看起來比較高尚。」等。就是沒有人回答是因

	選擇其為第一名的人數百分比
水仙	50%
水果	24%
芳香袋	18%
沒有味道	8%

（資料出處：Laird, D. A）

為味道的緣故，但明明有差異的只有味道。

這表示，我們做選擇時，其實在潛意識之中已經受到了某些影響。因此，就算我們自認為知道為什麼會這樣選擇，但其實真正的理由並不是我們所想的那樣。

本節重點

對商品的偏好，有時是沒有理由的。

13 被洗腦時，你還會為它找個好理由

有時縱使我們不清楚自己判斷或選擇的理由，卻還會替自己捏造理由。

譬如前一節的實驗。自己所選的絲襪明明只受到了味道的影響，但是受試者還是捏造了「觸感好」等理由。

為了讓大家更清楚，我要再說一個設計得更巧妙的實驗。

暗示讓我捏造正當理由

瑞典隆德大學（Lund University）的彼得．約翰遜（Peter Johansson），讓受試者看兩張女性的照片，然後問他們哪一位比較有魅力。

約翰遜先把照片貼在像撲克牌的卡片上，然後讓受試者看十五組的照片。只是在這十五次的選擇當中，有三次會玩點小把戲。

這三次，實驗者會在蓋下卡片的瞬間，拿出受試者並沒有選擇的女性照片讓受試者看，並對受試者說：「你剛剛選的是這位女性對吧？」

實驗者給受試者看的明明不是受試者先前選好的照片，可是當實驗者問受試者選擇的理由時，他們還是會滔滔不絕解釋他們的理由：「因為這個人長得非常端莊！」、「因為她面露微笑。」

當然，還是有人會發現，那張卡片上的女性不是自己選的那張臉孔。不過，絕大多數的受試者幾乎都沒有發覺。

約翰遜為一百一十八位受試者，進行了三百五十四次的測試。發現不對勁的次數是四十六次，占總次數的一三％。換言之，有近乎九成的人都沒注意到。

同樣的，我們「沒選」，卻被問到理由時，也一樣會捏造合乎邏輯的理由。

在電視節目上曾有這個片段：某個人被要求喝下果汁，而當主持人問：「你為什麼喝果汁？」

這個人馬上說：「沒什麼，就是覺得口渴。」但其實他是受人指示。

所以市場調查的結果不能百分之百全信，因為人會輕易捏造理由。假設有兩樣商品A和B。當有人問：「你為什麼選A？」任何人就算不知道真正的理由，都可以編造出一個正當理由。

本節重點

當你被指示做某個動作時，你就會為這個動作編造理由。

換了不同人的照片
為什麼選她？
因為她在微笑。
有發現
沒有發現是不同的照片
有九成的人沒有發現照片被換過。

14 身體柔軟了，心就不會硬梆梆

要讓談判順利進行，勢必要花很多的時間研擬策略。但是有個耐人尋味的實驗，讓人發現無須如此勞心費力，就可以輕鬆抓住人心，並讓談判順利進行的訣竅。

請談判對象坐軟椅

麻省理工學院的心理學家約書亞．阿克曼（Joshua Ackerman），想研究人坐硬邦邦的木頭椅和坐柔軟的沙發椅時，心理是否會受到不同的影響。所以他提出一個假設，就是「人如果坐硬邦邦的木頭椅，心也會跟著變強硬；反之，如果坐柔軟的沙發椅子，心也會跟著放輕鬆，而且態度也會變得比較柔軟」。

為了驗證這個假設，阿克曼進行了一個實驗。他讓兩組受試者分別坐在硬的木頭椅上和軟的沙發椅進行模擬談判。

具體的做法就是告訴受試者：「假設你去車商那裡買車，你會希望用多少錢購買定價一萬六千五百美元的車？」

坐硬木頭椅的一組，他們回答的平均價格是八千九百六十五美元，這個價格等於是砍對半，也可以說這組人的態度強硬。因此，正如阿克曼的假設，如果坐硬的椅子，心也會跟著變強硬。而坐軟的沙發椅這一組，他們提出的平均價格是一萬兩千四百三十六美元。只比車商的定價稍微少了一點，所以算是比較穩妥的提案。

從這個實驗我們就知道，如果坐硬的椅子，好像連心（態度）也會變硬，所以實際談判時，盡可能讓談判的對手坐柔軟的椅子會比較好。

如果彼此都坐硬椅子，就會搞得彼此都不愉快，談判當然也就無法順利進行。因此，如果希望彼此都有柔軟的心，就盡可能選有軟墊的椅子或沙發，讓彼此可以相談甚歡。

在辦公室也一樣，如果希望員工們繃緊神經工作，就讓他們坐硬椅子。反之，如果希望員工們自由提案或輕鬆工作，就讓他們坐有靠墊的柔軟椅子。

本節重點

只要坐在柔軟的沙發上，連心也會變柔軟。

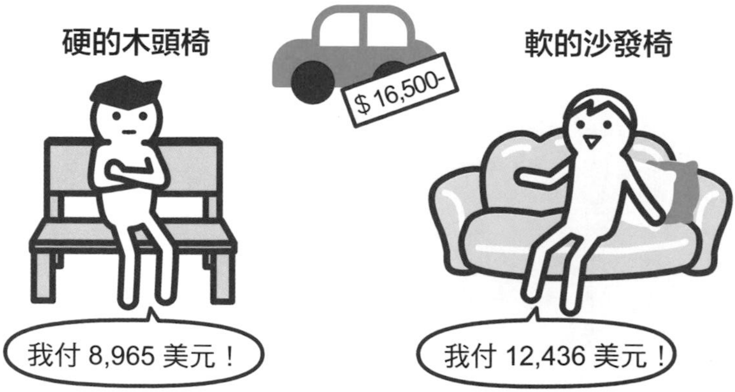
硬的木頭椅
軟的沙發椅
$ 16,500-
我付 8,965 美元！
我付 12,436 美元！

15 產品放左側，打動管情緒的右腦

大腦分成左腦和右腦，右腦處理情緒，比較直觀，負責藝術、創造力。左腦管理理性，負責計算、推論等；看跨頁的雜誌、報紙時，左側的資訊容易用右腦處理；右側的資訊容易用左腦處理。

商品廣告放左側就對了

佛羅里達大學（University of Florida）的克里斯．賈納瑟夫斯基研究，如果要讓別人看到廣告，是不是應該把廣告放在左側，比較容易獲得好評。因為放在左側的廣告，是用右腦處理，而右腦比較感性。

為了驗證這個假設，賈納瑟夫斯基指示受試的大學生，要在十頁的報紙當中，閱讀四篇報導，報導先用橘色的虛線框起來，大學生只要讀框框裡的內容就可以了。

但賈納瑟夫斯基事先在每頁報紙的左側和右側中，悄悄放上了毛皮大衣的廣告。雖然學生們並沒有仔細看這個廣告，但是由於廣告就放在報導的旁邊，所以多少還是會瞄到一眼。刻意讓人不經意的看到，是一種常見的誘導手法。

做完這個實驗之後，賈納瑟夫斯基又做了另外一個實驗，就是請學生們為毛皮大衣的廣告打分數。學生們要為五個項目評分「喜不喜歡」，每個項目的滿分是九分，如果五個項目都給滿分，總分就是四十五分。

結果，把廣告放在報紙左側時的平均分數是三十三．一九分，放在右側時的平均分數是二十八分。就如賈納瑟夫斯基的假設，放在左側較能獲得好評價。

因此，製作資料或宣傳冊子時，如果有想大力推薦的商品時，應盡可能放在一個頁面的左側。這麼做就可以刺激顧客的右腦。

陳列商品也一樣，假設商品的數量相同，放在左側就會比放在右側賣得好。總而言之，掌握「放左側會刺激右腦」的原理，就能達到誘導目的。

本節重點

希望顧客優先選擇的商品，就放在頁面「左側」。

把廣告放在左側，可以提升消費者對商品的好感度！

16 替產品打個光，產生稀有感

二戰時期的德國總理希特勒，面對民眾演講時舉手投足都是戲。他會搭乘直升機來到會場，並讓所有的聚光燈都打在他的身上。據說，希特勒就是靠這種演技，讓民眾衷心欽佩他。

不論是耶穌還是佛陀，祂們的畫像或雕像，背後常常都有一圈光。這是因為我們對於背後有光暈的人，會產生一種認為值得感激或覺得稀有的心理作用，商品也一樣。

只要把燈光打在想販售的商品上，商品看起來就會閃閃發光。這麼做，就可以讓購買的顧客人數一口氣大增。

替產品打光，提高購買慾

路易斯安那州立大學的塔拉薩・薩默斯（Teresa Summers），曾在兩家服裝店做過這個實驗：在這個實驗裡，薩默斯有時為陳列品打上燈光，有時不打上燈光，然後再調查上門的兩千三百六十七位顧客的動作。

結果，有打燈光時，顧客會碰觸商品的次數，約是沒打燈光時的兩倍。而且，連購買率也提高了。

接著，薩默斯再進一步測量顧客停留在陳列商品前的時間，有打燈光時是二十一・七六秒，沒有打燈光時是十六・一秒。由此可見，陳列品或櫥窗的燈光設計，是非常有效的行銷策略。

照明用的燈具，會產生不同顏色的燈光。那麼實際運用燈光時，哪一種顏色的燈光，才能提高顧客的購買慾？

德國美因茲大學（University of Mainz）的丹尼爾・奧巴菲爾德（Daniel

Oberfeld），請拜訪酒莊的七十五位客人參加這個實驗。

奧巴菲爾德請他們喝白葡萄酒，而且要在不同顏色的燈光下試喝。由於酒杯是黑色的，所以參加者並不知道酒杯裡裝的是什麼樣的酒。

結果，當燈光是藍色和紅色時，他們說：「這酒好喝。」然後，奧巴菲爾德問他們：「你願意花多少錢買這杯酒？」他們回答：「如果是五歐元（約等於新臺幣一百六十三元）的話，我會買。」

最不討喜的是綠色和黑色的燈光。這時他們會說：「這酒不好喝。」（其實是

同樣的白葡萄酒）並表示：「如果是四歐元（約等於新臺幣一百三十元）的話，可以考慮買。」

從這個實驗結果可知，我們在購物時會受到燈光顏色的影響。

本節重點

為商品打上合適顏色的燈光，可以增加商品的特別感，讓顧客想購買。

2

解除「負面暗示」，你的能力會突飛猛進

1 你天天想的事，九成會發生

第一章，我介紹誘導與暗示的使用方法、效果及影響。在不知不覺之中，暗示會使人動心，並誘導人朝著暗示者所要的方向前進。因此，如果我們可以善用這種特性，就能夠不費吹灰之力，獲得我們想要的結果。

「自我暗示」就是誘導自己的一種手法。本章，我將詳細說明如何活用。

大家在工作時，一定有過「今天很順利」的經驗吧！這麼想的那一天，頭腦思緒總是特別清晰，而且表現也特別好。反之，如果擔心自己做不好，就會開始擔心這個、害怕那個。結果，因為注意力不集中、精神渙散，導致表現不佳。其實這是因為人在不知不覺之中，會暗示自己工作順利與否。

誘導或暗示，只要運用得巧妙，不只工作，連人際關係、私事，都可以很充實。以下這些心願，只要透過自我暗示就可以實現。

・我想養成好習慣。
・我想消除內心的不安。
・我希望能夠輕鬆建立人際關係。
・我想向前看！
・我想要有行動力。
・我想要有成功的體質。

以上的心願都能夠運用暗示的力量慢慢實現，實現的速度雖然緩慢，但確實能夠讓這些心願朝順利的方向前進。

暗示的效果是非常驚人的，但有時卻沒有產生太大的作用。而自我暗示之所以不見成效的最大原因，就是給自己負面暗示，讓自己被負面、否定的想像

運用正向誘導改變人生！

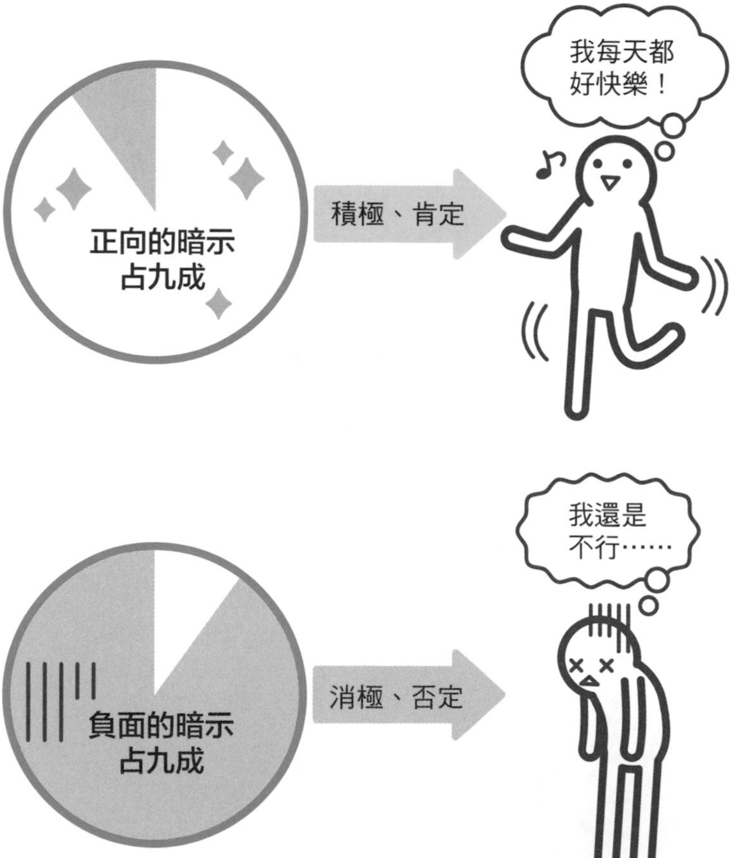

首先，要解除負面暗示。

綑綁。例如，一直想著「我做不到」、「應該不會順利進行」的時候。

暗示就像是一把雙面刃，既可以誘導自己朝希望的方向前進，也可以朝著自我折磨的方向而去。為了能夠朝好的方向前進，在這一章我要說明如何解除負面暗示，並讓暗示能夠發揮它本來的力量。例如：一直往不好的方向思考、否定自己、不會想像成功的畫面、容易受懦弱的心智所控制。

出現以上這些狀況時，就表示正向誘導該上場了。它有一種神祕的力量，可以讓大家澈底發揮自己的能力。

本節重點

只要解除負面誘導，就可以得到預期的效果。

2 吸引力法則，最強烈的念頭會成真

自我暗示失敗的人，似乎都有同一種思考模式。就是滿腦子想的都是負面的事情。

「我絕對要成為大富翁。」
「我要成為一流的鋼琴大師。」
「我一定要應屆通過考試！」

這些都是正向的誘導，但是，自我暗示失敗的人，會讓腦海中浮現多餘的負面想法。

「雖說要成為大富翁，但終歸只是在做白日夢。」

「要成為一流的鋼琴大師？我真的是想太多了。」

「要應屆通過考試？憑我的成績，根本不可能！」

這麼一來，就啟動了負面的暗示。

給予暗示時，最重要的是暗示的內容，內容是正向還是負面的，會讓最後出現的效果完全不同。

各位讀者或許都聽說過「吸引力法則」，吸引力法則就具有暗示的效果，它可以幫助你獲得想要的東西。

但是，運用這個法則時，如果腦子想的不是正面而是負面狀況的話，最後所吸引到的就會是負面的結果，所以運用時要格外小心（吸引力法則，會吸引到正面的力量，也會吸引到負面的力量）。

朗達．拜恩（Rhonda Byrne）所寫的暢銷書《祕密》（*The Secret*），就介

紹了失敗的例子，如下：

「我不希望有任何東西灑在我的衣服上。」

↓結果，醬汁就灑在我的衣服上。

「我不想遲到。」

↓結果，我沒趕上約好的時間。

「如果感冒會很麻煩。」

↓結果，偏偏感冒了。

暗示，會讓我們最強烈的念頭成真。

如果想的是「我不想感冒」，可是聯想到的畫面，卻是自己臥病在床的模

哪一種會順利進行？

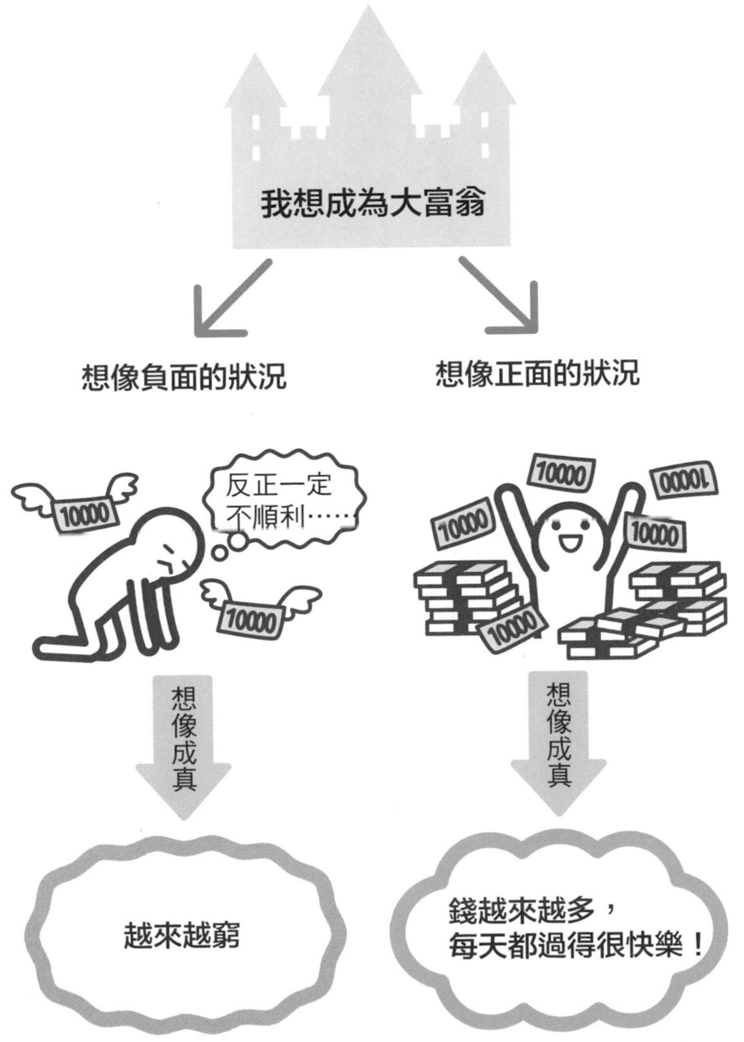
我想成為大富翁
想像負面的狀況
想像正面的狀況
反正一定不順利……
10000
想像成真
想像成真
越來越窮
錢越來越多，
每天都過得很快樂！

樣，這就是負面的暗示。

所以自我暗示時，一定要是正面的暗示，因此，正確的做法不是告訴自己「我要小心，不要感冒」而是要想「自己精神飽滿、健步如飛的模樣」。

本節重點

自我暗示時，要排除負面想像。

3 只是溝通失誤，你卻反應過度

假設在公司裡，主管對你說：「你製作文件的速度真慢。」他說這句話其實並沒有惡意，或許他要說的是：「相對於你做其他的事情速度都很快，只有製作文件要花很多時間。」

但是，總是往負面方向想的人，就會給自己「我就是無能」的暗示。主管完全沒這麼說，是自己反應過度。這種人一定要小心，不要給自己莫名其妙的暗示，來擴大自己的傷口。

誤解對方所說的話，叫做「溝通失誤」（Miscommunication）。澳洲梅鐸大學（Murdoch University）的瑞秋・奧本（Rachel Auburn）指出，這種溝通失誤的狀況在男女之間最常見。

邀請認識的女性朋友：「週日我們一起去看電影好嗎？」但是，不湊巧，女性朋友的回答是「不」。這時，大多數男性都會認為「自己被討厭」，所以就給自己「像我這種男人沒人會喜歡」的暗示。

但是，其實他並沒有被拒絕，那位女生只是那一天正好有事，只要改在隔週，或許那位女生就點頭同意了。因此，只要想「這只是單純時間上的不方便」，就不會胡亂猜疑。如果不想被莫名其妙的想法搞得團團轉，當場確認清楚也是個好方法。

譬如，你覺得對方是在說你的壞話時，只要多問一句：「你剛才說○○○，是什

你很慢耶！
對不起！
我就是無能。
主管
文件
你可以做到的。
過度往壞的方向解讀

麼意思？」就可以了解對方真正的意思。抑或是，邀約被拒絕時，只要再補一句確認：「這次沒時間，那我改天再約妳可以嗎？」就不會產生莫名其妙的誤解。

本節重點

如果你常把別人的話往壞處解讀，請立即改掉！

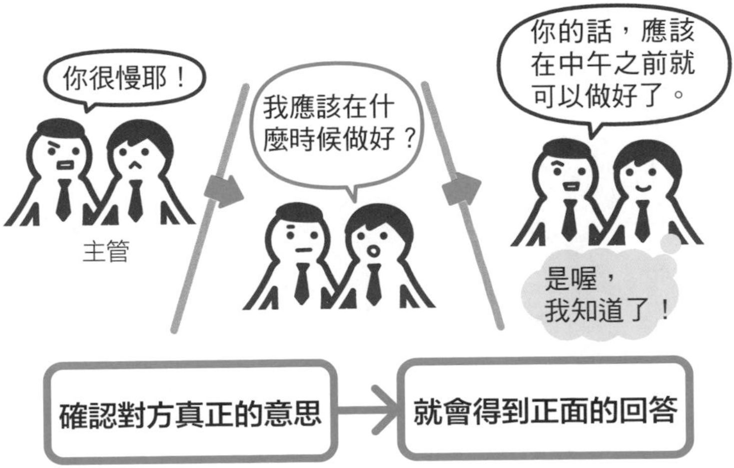
你很慢耶！
主管
我應該在什麼時候做好？
你的話，應該在中午之前就可以做好了。
是喔，
我知道了！
確認對方真正的意思
就會得到正面的回答

4 拉橡皮筋彈手腕，逼大腦正向思考

前重量級世界拳擊冠軍麥克・泰森（Mike Tyson）訪問日本時，有一位記者問：「你從開始打拳到現在，有沒有被KO過？」

當然有。泰森雖然無敵，但一定還是有被KO過。然而，泰森的教練凱文・魯尼（Kevin Rooney）聽到這個問題，立即替泰森回答：「怎麼可能有！以前沒有，今後也不會有。泰森不會被打倒，泰森也不會輸！」

據說，魯尼後來道出自己的真心話：「我不希望泰森因為想起過去的事情而失去自信！」（《運動心理訓練》，高橋慶治著）只要想到自己倒下的狼狽模樣，負面的暗示就會開始啟動。因此，魯尼不希望泰森回想這些畫面。

「話是這麼說，但是大腦就是會去想不順利的事情。這時該怎麼辦？」或許有讀者會這麼想。這時，要立刻停止思考。雖說無法避免想像負面的事情，但是總可以將傷害降到最小。這叫做「損害管制」（Damage control）。

只要大腦一出現消極、負面的畫面，就立刻對自己說：「啊！不行，不行，停，停，停，不要再想了！」

手綁橡皮筋，跟負面說再見

有一種方法可以強迫自己停止思考。這個方法就是「橡皮筋法」。在手腕上套一條橡皮筋，當大腦出現不好的想法時，就拉橡皮筋彈手腕，當橡皮筋發出啪的聲音時，就可以讓大腦暫時停止思考。

美國彭德爾精神中心的馬克斯・馬斯迪倫（Max Mastellone），每當他大腦出現負面想像時，就試著用橡皮筋法，結果，有一週，大腦不再出現負面想像。九個月之後再檢查，大腦不但沒有出現負面想像，而且拿掉橡皮筋，也不會再回到原本的狀態。如果強迫自己停止思考，但是負面想像還是在腦海浮現的話，不妨讓自己天馬行空的胡思亂想，讓負面想像朝正向、肯定的方面走。

以運動來說，就是想像雖然一開始被對方追得走投無路，但最後終於逆轉勝的畫面。也就是說，就算大腦浮現負面畫面，但是只要最後能夠和肯定、積極的正向畫面產生連結就可以了。

本節重點

只要大腦出現負面的想法，就把橡皮筋套在手腕上用力彈。

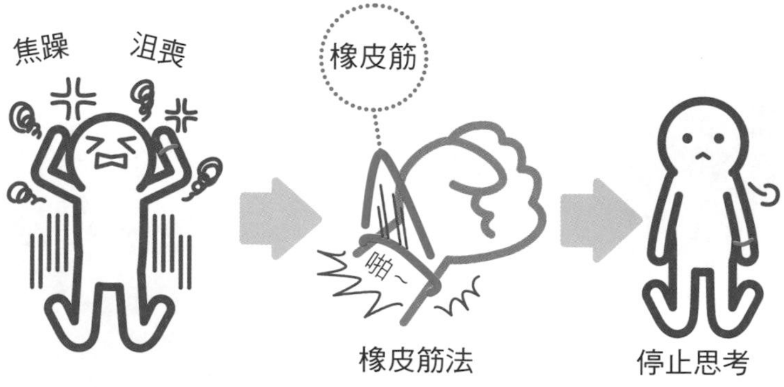

5 「不要〇〇」的白熊效應

否定形態的暗示，譬如「不要〇〇」，成效不彰。

心想「我不想感冒」，卻反而感冒了，就是因為用的是否定形態的暗示。「不要〇〇」之類否定形態的暗示，大都以失敗收場。

要自我暗示時，首先，要先用自己的口吻把文章寫在紙上。如果發現文章中有否定形態的句子時，就改用別的臺詞。

白熊效應，讓我一直想起分手的愛人

因為用否定形態的句子自我暗示，不但無法獲得你所期待的結果，還可能會出現反效果。

哈佛大學社會心理學家丹尼爾・魏格納（Daniel Wegner），在俄國作家杜斯妥也夫斯基（Fyodor Dostoevsky）的著作《冬天裡的夏日印象》中，發現一段很有趣的話：「我試著對自己下命令，我命令自己不可以想到北極熊。結果，受詛咒的熊總是在我的腦海裡徘徊不去。」

魏格納心想：「真的是如此嗎？」為了驗證，他集合自己的學生，拜託他們「不要想到白熊」。

他對學生們說：「只要腦子裡出現白熊的畫面就拉鈴。」結果，不知道怎麼回事，實驗才一開始，鈴聲就四處作響。

魏格納稱這種現象為「反彈效應」，又叫做「白熊效應」（White Bear Phenomenon）。要大家「不要想到白熊」，卻很諷刺的，大家就是只想到白熊。

失戀時，我們會告訴自己：「不要再想到那個人了！」但是，從心理學的角度來看，這並不是一種好的做法。強迫自己不要再想到分手的戀人，只會讓滿腦子都是那個人的影子。

因此，自我暗示時，請不要用「不要〇〇」之類，以否定形態呈現的暗示句子。

本節重點

「不要〇〇」之類的暗示會出現反效果。甚至發生原先想避開的狀況。

6 減肥的正向誘導

像「不要再〇〇」禁止式的暗示也是成效不彰。

「不要再喝酒了。」
「不要再吃太多了。」
「不要再抽菸了。」
「不要再遲到了。」

類似以上這種暗示，恐怕都會以失敗收場。因為想要禁止什麼，禁止的事項反而會更容易浮上腦海。

假設，有位女性因為很在意自己的身材肥胖，就下定決心「不要再吃甜食」。但很遺憾，我想她一定無法長久堅持下去。因為越是告訴自己「不要吃甜食」，想吃甜食的念頭就會越強烈。於是在掙扎當中，就敗給了誘惑。

那麼，如果真的想要減肥的話，應該給什麼樣的暗示？根據中井英史在他的大作《操控人心的催眠術「大腦駭客」》裡的說法，可以用以下的臺詞自我暗示：

「我愛死蔬菜了，所以我想吃很多蔬菜。」
「我只要稍微吃一點，就有飽足感了。」
「吃完東西，就想動一動身體。」

據說這樣的暗示比較能夠減肥成功。「我絕對不再碰甜的東西！」這種禁止式的暗示，非但不能順利減肥，還會讓人更想吃甜的東西。

關於這點，只要給自己「我喜歡吃低卡路里的東西」的暗示，就可以讓自己不再吃甜食。

如果要說得更詳細一點，其實暗示還有直接暗示和間接暗示之分。能夠讓事情順利進行的是間接暗示。

譬如，當你特別沮喪的時候，對自己說：「不要這麼沮喪！」這是直接暗示。想像「自己悠閒躺在春天草原上的畫面」就是間接暗示。

哪一邊可以順利減肥？

不吃甜點，
不吃甜點！
大口吃
就只有今天，沒關係！
大口吃
其實我只要稍微吃一點就飽了！
身體好輕盈！
我想去慢跑。

因為禁止式的暗示很容易變成直接暗示，所以很難讓事情順利進行。

．參考文獻：《入門——自我催眠法》門前進著，誠信書房。

本節重點

不是禁止，而是用「我喜歡運動」、「我很快就飽了」之類的暗示。

7 難過時要聽悲傷的曲子

情緒低落、為自己的無能為力而難過……這個時候，大家會怎麼做？不少人在情緒低落時，會想聽節奏輕快的流行音樂，或許是因為情緒「低落」，所以連想到讓情緒「高漲」的歌曲。但是，其實這麼做不會讓你的心情變好。

某個心理實驗表示，悲傷時要聽悲傷的曲子，才能緩和情緒。悲傷的曲子之所以能夠安慰悲傷的心靈，讓人從悲傷中解放，是因為悲傷的曲子具有暗示的效果，就如同透過加油的歌曲替自己打氣。

京都大學研究所文學研究科（當時）的松本順子，透過實驗驗證這個事實。

她請三百六十九位大學生在十二鐘之內，寫出自己人生中最悲傷的事情。這麼做是為了製造悲傷的氣氛。

難過時聽悲傷的歌才能療傷

然後，她從法國作曲家艾瑞克・薩提（Erik Satie）的鋼琴曲中，選出兩首悲傷的曲子、兩首陽光的曲子，讓沉浸在悲傷氣氛中的學生聽。她選的悲傷的曲子是〈Gnossienne No.3〉和〈Gnossienne No.5〉；陽光的曲子則是〈Le Piccadilly〉和〈Je Te Veux〉。結果，證實悲傷的曲子比較能緩和悲傷的情緒。

如果以這個實驗為基礎思考，「因為心情煩悶，所以去ＫＴＶ，要唱明快的歌曲！」、「今天被顧客罵，心情不佳，所以聽首輕快的曲子吧！」這種傳統的處理方法，就不能說是恰當了。悲傷的時候，沒有必要勉強聽輕快的曲子。這時，不妨就讓自己安靜的沉浸在悲傷的氣氛當中。

最近，我們知道流淚有沉靜身心、舒緩緊張，讓人從壓力中獲得解放的效果；相反的，忍著不哭，反而會讓人罹患和壓力有關的疾病。因此，難過的時候，不妨大聲嘆氣或痛哭一場。這時，最管用的就是音樂。而且，聽能讓自己沉浸在悲傷氣氛中的曲子，比明快的曲子更能讓自己快點重新站起來。悲傷的時候，請務必試試這個方法。

本節重點

聽貼近難過心情的音樂比較能療癒。

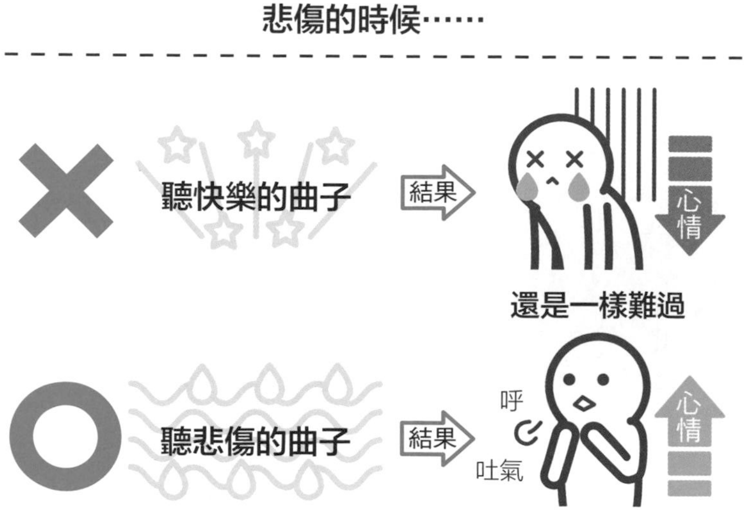
悲傷的時候……
聽快樂的曲子
結果
心情
還是一樣難過
聽悲傷的曲子
結果
呼
吐氣
心情

8 電影院的爆米花，就是比外面好吃

我們的味覺竟然也會受到暗示的影響。「美味」不是客觀，而是主觀的感覺。因此，只要吃的人認定美味，就可以讓他覺得什麼都好吃。

深信美味，也能把過期爆米花吃得津津有味

康乃爾大學的教授布萊恩．萬辛克（Brian Wansink）做了一個實驗。他請電影院的商店協助他賣兩週前做的爆米花。

當然，兩週前做的爆米花會變硬，而且因為溼氣，變得非常難吃。但是，電影院的客人沒人要求退費。調查這些客人吃的量，發現和剛做好的爆米花一

樣，都只吃了六成。客人先入為主，認定「在電影院吃的爆米花一定好吃」，就中了這種暗示。因此，連應該很難吃的爆米花，都毫不猶豫一口接一口。換言之，因為深信「美味」，吃起來就真的非常美味。

任何食物，只要邊吃邊說：「好吃，好吃。」吃起來真的就會很美味。和他人出去吃飯時，如果這個人說：「這家店的東西很難吃。」你就會認為這家店的東西真的很難吃。如果這個人說：「那裡的東西很好吃。」你就會認為那裡的東西真的很好吃。這就是暗示的效果。畢竟用餐就是要在覺得美味的氣氛下享用，所以最好不要和會對料理挑三揀四的人一起用餐。

本節重點

就算是粗茶淡飯，只要認定「美味」，就可以用幸福的心情享用。

9 價格高低也是一種誘導

價格的誘導也會影響我們的味覺，我們只要被暗示「這食物絕對美味」，這食物就真的會很美味。

便宜的酒和貴的酒，品質自然不一樣。貴的酒一定芳香甘醇、好入口。因此，貴的酒價錢一定比便宜的酒高出一截。

如果把便宜的酒偽裝成貴的酒讓受試者試喝的話，會發生什麼狀況？

假如你認為「便宜的酒畢竟是便宜的酒，所以喝起來口感一定很差」，可就大錯特錯。決定我們味覺的是大腦，但是，大腦也會受到暗示的影響。所以只要把便宜的酒認定是貴的酒來品嘗，就會出現這種反應：「哇，貴的酒果然不一樣，喝起來就是順滑可口。」

「深信」的暗示讓便宜的酒升級

加州理工學院的希爾克・普拉斯曼（Hilke Plassmann），準備了一瓶五美元和一瓶九十美元的酒，分別讓受試者試喝。但其實酒瓶裡的酒是一樣的，不同的只有酒瓶上的標籤。

雖然酒瓶裡裝的酒完全一樣，但是普拉斯曼還是請受試者給酒打分數。滿分是五分。結果，標籤是五美元的酒，所獲得的平均分數是兩分，標籤是九十美元的酒，所獲得的平均分數是四分。表示美味的感覺差了兩倍。普拉斯曼進一步用功能性磁振造影（Functional Magnetic Resonance Imaging，

大腦也會被騙！
這是貴的酒。
這是便宜的酒。
其實是便宜的酒
A
B
很順口。
好喝！

簡稱ｆＭＲＩ）查看受試者試喝酒時，大腦活動的狀況。結果，發現受試者喝九十美元的酒時，大腦皮層額葉中區（medial orbitofrontal cortex，簡稱ｍＯＦＣ）的血流量增加，而這個部位和快樂的情緒有密切關係。也就是說，只要認為自己是喝九十美元的酒，就算那真的只是五美元的酒，也會有好喝、幸福的感覺。假設，到酒吧喝酒，向酒保點了一杯貴的酒，但是，酒保卻糊塗送上一杯便宜的酒，狀況會如何？

我想如果是心理學家的話，應該會猜客人八成都不會抱怨，還是一樣享用那杯酒。只要客人本人心想「這是貴的酒，一定好喝」，大腦就會上當受騙。

本節重點

因為大腦會被深信所騙，所以會覺得美味、好喝。

10 某些時候，你需要自我感覺良好

每個人多少應該都有覺得棘手的事物，要克服這種棘手的感覺時，請務必善用暗示的力量。

根據堪薩斯大學（University of Kansas）的基斯．哈柏林（Keith Halperin）的研究報告，運用暗示可以治療懼蛇症。

「我想喜歡蛇的人應該不多。」所以哈柏林找了一些對蛇特別棘手，不但不敢碰蛇，連靠近都不敢的女性，進行克服懼蛇症的實驗。

首先，哈柏林為了做比較，先設定了三個控制條件。第一組受試者，什麼都不做，五週後再集合，測試她們有多害怕蛇。當然，因為這一組人什麼都沒做，所以依然對蛇感到棘手。

第二組受試者，哈柏林讓她們接受為期五週的放鬆訓練。比起第一組受試者，哈柏林知道，第二組受試者看到蛇還是會緊張和不安，但沒有那麼恐懼蛇了。

第三組受試者，哈柏林讓她們接受為期五週的放鬆訓練，同時暗示她們。

運用想像克服恐懼

到底是什麼樣的暗示？其實就是讓她們接受假的心理測驗，然後告訴她們憑空捏造的診斷結果，譬如，「妳的應變力很強」、「妳是屬於會克服棘手事物類型的人」等等。

這麼做，是要灌輸她們「妳是一個可以輕易克服懼蛇症的人」的想法。

於是，五週後再做測定時，哈柏克發現，這組人已經克服了恐懼蛇的心理。

要克服棘手事物時，也可以運用暗示。每個人或多或少都有一、兩種棘手的事物，但是運用暗示或許就可以解決。

「我只是怕生，但是想說話時還是可以侃侃而談。」、「我雖然笨拙，但是很親切，所以還是很受歡迎。」、「我只是容易暈車，真的不要緊！」

只要用以上這種感覺自我暗示，就能慢慢改變自己害怕某個事物的心態。

治療懼蛇症的實驗

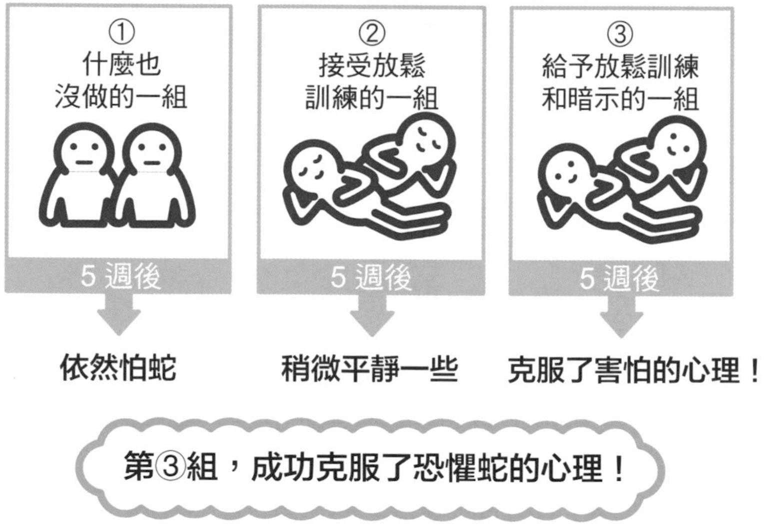

①
什麼也
沒做的一組
5 週後
依然怕蛇
②
接受放鬆
訓練的一組
5 週後
稍微平靜一些
③
給予放鬆訓練
和暗示的一組
5 週後
克服了害怕的心理！
第③組，成功克服了恐懼蛇的心理！

因為這種做法實在太簡單了，所以或許有人會覺得很掃興，但是真的只要用這麼簡單的暗示，就可以讓一個人改變。

本節重點

想像要克服的棘手事物，然後給予暗示！

11 演著演著，就會變真的

「我想成為一個更穩重、更沉著的人。」如果你有這種想法，就表示你打算成為一個穩重、沉穩的人，那麼請你扮演這種人。只要「扮演」一個沉著冷靜，無論碰到什麼事，都不會改變表情的自己，你就可以成為一個穩重、沉著的人。

「我想成為一個更開朗的人。」如果有這種想法，就澈底扮演好一位個性開朗的人。只要這麼做，最終一定可以成為一個開朗的人。

「不只是演戲，我是真的想成為那種人！」有人或許會這麼想，但是不要擔心，因為在扮演的過程中，你的個性就會變成你想要成為的那種人。

演著演著就變成真的

美國凱斯西儲大學（Case Western Reserve University）的黛安・蒂斯（Dianne Tice），找來九十名大學生對他們說：「我想製作讓他人來解讀自己個性的錄影帶，可以請你們扮演錄影帶中的角色嗎？」

接著，她拜託某位學生：「現在，請你自我介紹。但是，情緒盡可能不要有任何起伏。」拍完這段自我介紹之後，她告訴這位學生，以後會在其他人的實驗中使用這段影片。

另外，蒂斯又對別的學生說：「現在，請你自我介紹。請盡可能展現喜怒哀樂的表情。你可以想像一下這種人（情感表達豐沛的人）會如何自我介紹。」

之後，蒂斯讓九十位大學生都做了情緒穩定測試。這項測試的滿分是二十五分，分數越高就表示情感表達越豐沛、喜怒哀樂的表情越分明；分數低的人則是感情不外露，是屬於穩重、沉著類型的人。

結果，在做這個測試之前，假裝自己是情緒穩定型的人，平均分數是六．九分。這個分數代表情緒表達相對含蓄；扮演喜怒哀樂表情分明的人，平均分數是十九．一分。

從這個實驗我們得知，只要扮演沉著穩重的人，個性就真的會變成這樣。同樣的，如果是扮演喜怒哀樂表情分明的人，個性也會變得喜怒哀樂形於色。

以我來說，我原本是個調皮、愛搞笑，喜歡炒熱氣氛的活寶。但是當了大學老師之後，就刻意用穩重的態度說話。結果，我覺得我的個性真的變穩重了。真的很不

演著演著，就會越來越像所扮演的角色

可思議！

縱使只是演技，在演出當中，因為自我暗示不斷發揮作用，所以就會照著暗示改變。人就會像變色龍一樣，讓自己產生變化。

本節重點

就算只是演的，但只要每天演，就能成為自己所希望的那種人。

12 標籤的暗示，是激勵也是否定

誘導好像也會影響我們的體能。只要深信「自己應該可以做得很好」，就算沒有做過的運動，也可以表現得很出色。

亞利桑那大學的傑夫．史東（Jeff Stone），募集了四十名從來沒有打過高爾夫球的白人和四十名黑人。

然後，史東先對一半的白人和黑人胡謅說：「高爾夫球是一種和知性有關的運動。」再對剩下的另一半人說：「高爾夫球是一種和體能有關的運動。」說完之後，就讓所有的人在小型高爾夫球練習場上，於十種難易度不同的場地打高爾夫球，並測定他們的桿數。結果成績如左頁表格所示。

以高爾夫球來說，揮桿數越少成績越好。這個實驗顯示，白人被告知「高爾夫球是一種知性運動」時，分數會變好。黑人被告知「高爾夫球是一種體能運動」時，分數會變好。

一般來說，白人普遍都認為自己具有知性美，自己是理性的、具有知識的。因此，當被告知「高爾夫球和知性有關」時，或許就深信「那麼，自己應該能夠打得很好」。

因為黑人大都認為自己的體能很好，所以被告知「高爾夫球和體能有關」時，就會深信「原來如此，那麼，我應該能夠打得很好」。

這些人全都沒有打過高爾夫球，但是就靠這麼一點暗示，大部分的人竟然都能夠打出低於標準桿四桿左右的好成績。

「因為我爸媽都喜歡運動，所以大部分的運動

	貼上知性的標籤	貼上體能的標籤
黑人	27.20	23.10
白人	23.30	27.80

（單位：揮桿數。 資料來源：Stone, J., et al.）

我應該都會。」會這麼說的人，運動細胞應該很發達。因為他本人就是這麼認為的。

「我的爸媽、兄弟姐妹都擅長讀書，所以我也是如此，且對運動一竅不通。」會這麼說的人，八成所有的運動都不行。因此，體能上的表現，也會受到暗示極大的影響。

本節重點

刻板印象、貼標籤都是一種偏見，請立即捨棄！

13 走向一流的捷徑：「我是○○」

我這輩子從來沒有打過網球，但是，如果我打網球的話，我會暗示自己就是錦織圭（日本男子網球運動員）。」

我連網球拍怎麼握都不知道，但是只要先如此自我暗示，打起網球來就真的會有模有樣。「全都是胡扯的吧！」我想一定有人會這麼說，因為我真的是一個網球菜鳥。但是，有資料顯示這不是胡說的。

相信暗示，你就會表現亮眼

莫斯科大學的弗拉基米爾・萊可夫（Vladimir Raikov），先暗示受試者：

「你就是俄國作曲家謝爾蓋・拉赫曼尼諾夫（Sergei Rachmaninoff）。」、「你就是維也納的天才小提琴家弗里茨・克萊斯勒（Fritz Kreisler）。」然後，讓受試者演奏樂器，並請專家打分數。結果，他們真的演奏得相當不錯。

之後，萊可夫的研究報告又指出，先暗示受試者：「你就是法國的數學家亨利・龐加萊（Henri Poincaré）。」、「你就是俄國的數學家安德雷・柯爾莫哥洛夫（Andrey Kolmogorov）。」然後讓他們解答數學問題，分數也大幅提升。

後來，萊可夫又再進一步，先對受試者說：「請你期許自己會變成美國西洋棋棋手保羅・墨菲（Paul Morphy）。」然後再讓受試者下西洋棋。結果，受試者表現得非常出色。只是，這些受試者都必須符合一個條件。在實驗之前，萊可夫會先為受試者測定被暗示性（對暗示的反應程度）。只有在被暗示性高（接受暗示程度高，易受暗示）的人身上，才可以看到上述的效果，被暗示性中等或初等的人，就沒有因深信而產生的暗示效果了。

「什麼暗示，全都是假的！」、「會受到暗示的，只有笨蛋。」、「暗示是什麼玩意，完全不科學。」

會這麼想並懷疑暗示效果的人，就是被暗示性不高的人。因此，如果誘導的對象是這種人，暗示的效果就會大打折扣。

總而言之，要暗示的話，就要真的相信「我就是○○」，有這種心理準備，就可以讓自己的表現更亮眼。

本節重點

只要真的這麼認為，暗示就能夠發揮百分之百的效果。

對易受暗示的人而言，效果出奇好

你是一位優秀的數學家。
……
30
80
數學分數 UP！

14 想像力訓練，效果不輸給實際訓練

我們都知道，想像自己在做某個動作的時候，那個動作就會做得格外順手，這就是所謂的想像訓練。只要是運動選手，不論是職業選手或是業餘選手，我想應該沒有人不知道想像訓練。

想像力是你的超能力

想像訓練是一種自我暗示，它的效果是經過科學確認的。「只是在腦子裡想像，算不上什麼高明的技術。」、「如果不苦練，還是沒有用的！」或許有人會這麼想，但是，想像訓練的效果真的不比實際訓練遜色。

法國運動研究所的心理學家布羅金（Brouziyne, M），募集從未打過高爾夫球的人，有二十三個人自願參與這個實驗。

一般來說，職業選手都會做想像訓練。但是，對於初學者來說，想像訓練真的有效嗎？為了確認這一點，布羅金做了這個實驗，實驗的步驟如下：

①讓所有受試者做五十公尺遠的輕擊球（approach shot，推球入洞、推桿）動作。布羅金為了讓受試者體驗揮桿的感覺，先讓他們做十三次五十公尺遠的輕擊球動作。

②將受試者分成三組。一組是練習打高爾夫球的人；一組是做想像訓練的人；一組是既不練習打高爾夫球，也不做想像訓練的人。

③手拿高爾夫球桿練習的人，邊聽教練口頭說明，邊做實際的練習；做想像練習的人，手不拿真實的球桿，只在大腦裡想像自己用力揮桿，小白球飛向天空，然後落在地面轉動等畫面；不做實際練習也不做想像訓練的人，不是在

打桌球，就是在打網球。

④測定結果：最後，再次讓所有受試者做五十公尺遠的輕擊球動作。

結果到底如何？拿高爾夫球桿做過實際練習的人確實進步了。有教練指導又真的揮過高爾夫球桿，進步是理所當然的。令人驚訝的是，做過想像訓練的人，他們的表現，竟然不輸給實際練習打過高爾夫球的人。由此可見，對初學者而言，想像訓練也非常實用。

想像訓練的優點是，不需要道具、練習的時間和場所，想練習時，不論何時、

不用花勞力，就能提升技術

何處，只要閉上眼睛就可以開始練習。等待電車、抽根菸的時間都可以練習，甚至可以邊喝咖啡邊練習。就算時間很短也無妨，只要有心想提升自己的技能，不論是工作、運動、讀書，都可以嘗試想像訓練。做想像訓練不只可以消磨時間，還有和做實際練習同樣的效果。

本節重點

每天做想像力訓練，一定會越來越進步。

3

對工作有幫助的
正向誘導技巧

1 讓工作更順利的四大暗示

解除負面暗示之後，就能夠自我肯定，並慢慢出現信心。這時或許就會想做各種挑戰。只要自己準備好要發動引擎，就是前進到下一個階段的大好機會。各位讀者一定要在職場上積極使用暗示，以獲得你想要的成果。

大家周遭一定有很多會做事的人吧！大多數會做事的人，在職場上，為了做出一番成績，都會刻意使用暗示，來得到自己所期望的成果。

然而，會做事的人也會有突然怯懦的時候，這時，除了給自己「要堅強」的暗示之外，也可以透過以下的暗示讓工作順利：

・給人好印象的暗示。

・提升工作熱情的暗示。
・利用容貌優勢的暗示。
・讓簡報成功的暗示。

其他對工作有幫助的暗示還有很多，它們的效果都經由無數的心理實驗證實。這些暗示都非常有趣，有需要時請大家不妨試一試。

> 本節重點
>
> **會做事的人，擅長用暗示來達到自己想要的成果。**

會做事的人會戰略性的使用暗示！

暗示1
暗示2
暗示3
今天用「暗示 1」！
順利
透過這個循環，讓能量大增！
自信
使用暗示

2 把名片換一個響亮的頭銜

「是地位、頭銜在做人！」

大家一定聽過這句話。這句話的意思是，可以藉由地位提高，改變自己對自己的印象。一個沒有領導能力的人，一旦擔任管理職，在被要求要具備領導能力的狀況下，很自然就會發揮領導能力，其實一點都不稀奇。

如果想改變自己，不妨先試著改變自己的頭銜（職稱、稱呼）。

譬如，把名片上「營業部 ○○太郎」等常見的頭銜，改成「王牌推銷員○○太郎」。只要這麼做，就能夠增強「自己是萬能推銷員」的印象。

普林斯頓大學的心理教授約翰・達利（John Darley），證實改變自己的頭銜，就可以改變對自己的印象，並稱這種效應為「標籤效應」（labeling effect）。簡單來說，就是可以藉由某個頭銜改變對自我的印象。我不好意思用這種頭銜，但我去演講或出席座談會時，主辦單位總是會介紹：「今天承蒙『權威心理學家』內藤誼人老師大駕光臨。」

「權威心理學家」是一種讚美，但有九成都是恭維。不過，被人這麼介紹還是很高興。這句話就可以強化我對自己的印象，讓我覺得「我就是權威心理學家」。

如果用的是一般普通的頭銜，對自我的印象就沒什麼助益。「我是個平凡的售貨員。」、「我是個平凡的上班族。」如果想改變這種認知，首先就要改變自己的頭銜。改變時一定要掌握一個重點，就是盡可能用別人不會用的頭銜。

使用自己才有的專用頭銜，就可以營造一種「我和別人不一樣」的特別感。透過這種特別感，「我是一個特別的人」的印象就會產生了。這麼做，除了可以強化對自己的印象之外，也可以讓人產生自信。

在勵志書中，常可以看到「請珍惜自己。」、「要多愛自己一點。」這一類的句子。但是，這種簡單的暗示，真的就可以讓讀者珍惜自己了嗎？大家恐怕不能太過期待。

改變名片上的頭銜所產生的自我暗示效果，其實遠遠超過這類簡單的暗示。現在，大家不妨動動腦，為自己想一個「稍微有點誇張」的頭銜吧！

只要對工作有幫助，我想公司方面應該不會禁止。因此，不妨提起勇氣向公司爭取，不要在名片上印「課

做出成果的最快方法

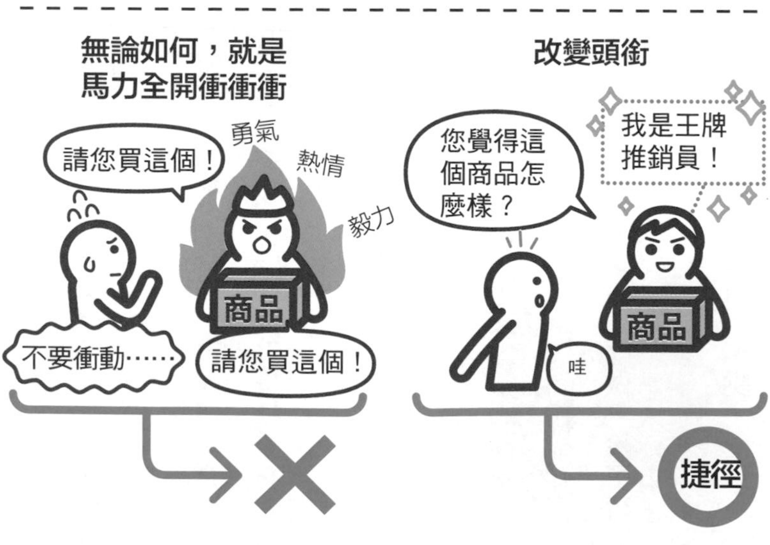
無論如何，就是
馬力全開衝衝衝
請您買這個！
勇氣
熱情
毅力
商品
不要衝動……
請您買這個！
改變頭銜
您覺得這
個商品怎
麼樣？
我是王牌
推銷員！
商品
哇
捷徑

長」，而是印「特任課長」，不要在名片上印「經理」，而是印「特任經理」。總之，就是盡可能用一個連自己都覺得響亮的頭銜。

> **本節重點**
> **頭銜改變，認知就會改變，然後，自信和熱情就會隨之而來。**

透過改變頭銜，提升自我形象！

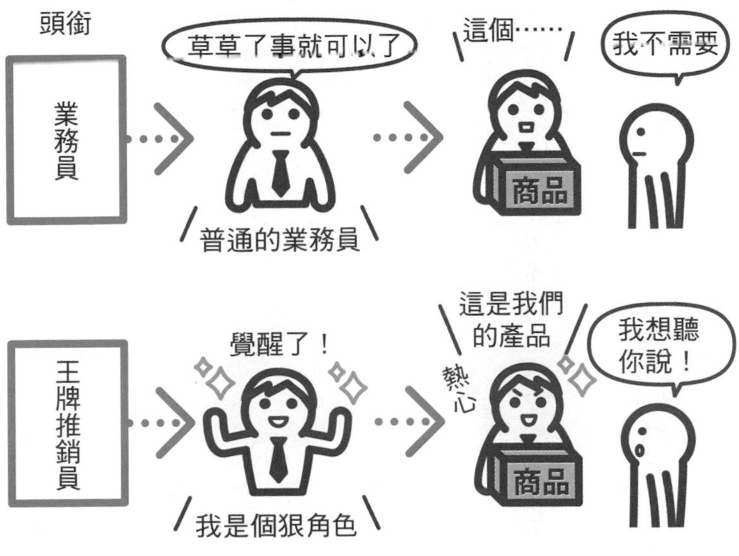
頭銜
業務員
草草了事就可以了
普通的業務員
這個……
商品
我不需要
王牌推銷員
覺醒了！
我是個狠角色
這是我們的產品
熱心
商品
我想聽你說！

3 提升專注力的暗示，整理

有不少正向誘導，對於提升工作績效、讀書效率都非常管用。不過，這些暗示還是有失靈的時候。

我認為，環境會影響注意力。所以，想讓注意力集中時，就先整理環境。

如果有多餘的東西映入眼簾，我們就會分心。譬如，必須仔細聆聽客戶說話時，有一隻蒼蠅飛來飛去，就會讓人不舒服，而無法專心聽客戶說話。

靜不下心工作、讀書、沒定性、注意力不集中的人，不妨先檢查一下，在工作、讀書的環境裡，是否會看到多餘的東西。

我們的五感（視覺、聽覺、味覺、觸覺、嗅覺）當中，最強的是視覺。這被稱之為「視覺優勢」。和其他的感覺比起來，視覺具有壓倒性的優勢。同樣的話與其聽一百遍，不如親眼看一回，也是因為視覺具有優勢的緣故。

注意力不足，就先整理環境

俄亥俄州立大學的瓦迪瑪・史洛斯基（Vladimir Sloutsky），曾經針對人對電腦上的照片和聽覺刺激（聲音）的反應進行研究。

結果，對於視覺性的刺激，百分之百的人們都有反應，但是，對於聽覺性的刺激有反應的人卻是零。由此可見，視覺絕對比聽覺強。有自覺「注意力不足困擾」

處理情報時，大半都是靠視覺

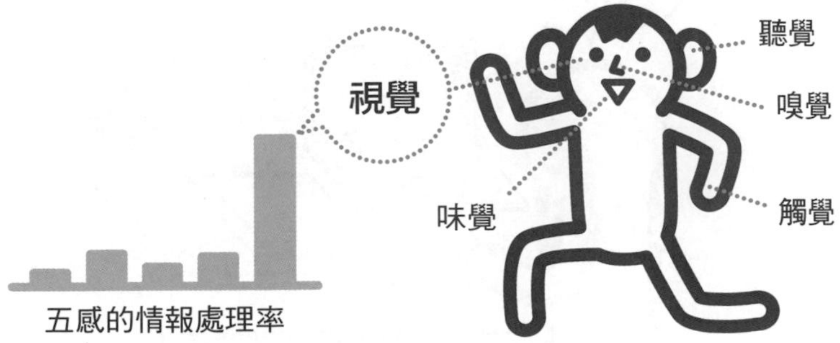

提升專注力的環境

誘惑多
工作容易疲勞
想上網
手機
電腦桌面上的圖示
偶像的照片
手機
電腦桌面密密麻麻的圖示！
不要把有誘惑的東西放在辦公桌上
把不需要的東西都拿掉
電腦桌面也要清清爽爽！

的人，不管怎麼提醒自己要專心，還是一樣無法集中注意力。與其如此，還不如把自己所在的環境整理一下，不要讓多餘的東西映入眼簾，反而更能提升專注力。因為把環境整理好之後，各種暗示才能有效發揮它們的作用。

首先，請大家檢查自己的辦公桌。如果桌面上有會讓人分心的雜亂文件、紙屑、手機，就趕快收拾乾淨。還有，電腦桌面上的圖示也建議要盡量整理整齊，只放工作上需要的圖示。只要稍微用點心思就可以提升專注力，讓工作表現、讀書效率都更亮眼。

本節重點

只要環境能夠讓大腦保持清醒，暗示效果就會倍增。

4 遇到瓶頸時，想想過往順遂的事

我想，人只要到某個年紀，大部分的事情應該都有經歷過。就以失戀來說，至少都有個一、兩次經驗吧！在工作上慘遭滑鐵盧的經驗之多就更不用說了。

碰到問題時，不妨想一想自己人生當中，發生過的類似狀況。這時你或許可以想：「和這類似的狀況，我在那時已經有過經驗了。」這麼想就可以讓自己放鬆，用從容不迫的態度面對問題。

據說，籃球之神麥可．喬丹（Michael Jordan）每當面臨壓力時，會想到一九八二年NCAA（國家大學體育協會）大學籃球總決賽時，那戲劇性的最後一擊。

當時，喬丹從底線一個跳投，球落入二十二英尺（約為六百七十公分）外的籃框內，成功幫助北卡羅來納大學球隊奪得總冠軍。喬丹成為職業選手之後，只要在比賽中陷入苦戰，就會想起當年的畫面，並告訴自己「沒問題，這種場面我已經有過經驗了」，讓自己可以冷靜下來。（《引導芝加哥公牛隊走向勝利之路的意識革命》，菲爾・傑克森（Phil Jackson）著，PHP研究所出版）。

喬丹用的這個方法，非常值得大家參考。因為，要想像自己完全沒有經驗過的事情有一定的困難度。但是，如果是自己有過經驗的事情，就能夠鮮明的浮現在腦海。自我暗示時，想像的畫面越鮮明，效果就越好。

「那時，我只花三天的時間，就重新站起來了。」、「比起那時候的失敗，現在的問題根本是小菜一碟！」、「比起考大學的辛苦，這個算輕鬆了。」就是要這樣告訴自己。順便一提，對我而言，最艱困的狀況，就是考研究所博士課程的前一天，我發高燒到四十二度。考試當天，我依然高燒不退，在腦袋昏脹的狀態下，我完成了考試。很幸運的，我考上了。

因為有過這樣的經驗，之後無論碰到多辛苦的狀況，我都能夠告訴自己這沒什麼大不了。

不論身體有多麼不舒服，我都一定會撐下去。如果發生了令人沮喪的事情，我也會努力轉換心情。因為，和四十二度的高燒比起來，這些都不算什麼，所以我從來不會想「我今天完蛋了。」、「今天的生意八成會失敗。」

人生中所發生的事情，不可能每一件都是新事物，一定會經歷過很多類似的狀況。因此，遇到瓶頸時，不妨想一想過去類似的人生插曲。

如果真的想不出什麼類似的經驗，就想想自己做得順遂的事情，只要這麼做，就可以產生信心。

本節重點

感到不安時，就告訴自己：「我有過這種經驗，不會有問題的！」

5 模仿理論，你會和他一樣棒

「工作沒幹勁。」、「對什麼都沒熱情。」如果有這樣的煩惱，有個方法可以試一試——就是偷偷瞧一瞧努力工作的人。

前日本國家足球隊隊長長谷部誠，在其著作《調整你的心》中寫道，心有迷惘時，就刻意看一看身邊努力不懈的人。譬如，如果是在炎炎夏日，就看一下在工地工作的人。

就心理學而言，這就是好點子。看著滿頭大汗仍然在工作的人，就會產生一種我不能認輸的想法，也會產生一種「我一定要努力」的熱情。

看著那位模特兒（樣品、示範人物）時，我們就會在潛意識下，把自己和那位模特兒重疊在一起。

看到那位模特兒那麼拚命，我們也會同樣的想這麼拚命。這種效應叫做「模仿理論」（Modeling Theory）。

以下這個心理實驗，曾經針對模仿理論做過研究調查。

透過模仿讓自己和對方一樣棒

愛荷華州立大學的法蘭克・格雷沙（Frank Gresham）做過一個實驗。他請那些把自己關在家裡不出門的小學三、四年級學生，觀看班上受歡迎同學的學校生活錄影帶，時間是三週。

找一位模特兒觀察！

神奇的事情發生了。原本足不出戶的孩子們，變得和受歡迎同學一樣個性積極，也成了活潑的人。

他們透過錄影帶觀察並學習受歡迎同學的動作，自然學習到「玩具可以分享」等行為，自己也就逐漸開始做同樣的事情。

當自己的心情低落時，從努力不懈的人身上獲得一些熱情，是最簡單的方法。只要看看身邊努力的人，自己就可以同樣擁有工作的熱情。模仿理論就是這麼神奇！

本節重點

只要看著努力的人，就可以透過「模仿理論」獲得能量。

6 暱稱可以翻轉個人形象

以日本來說，最近的選舉，不少議員候選人在登記的時候，都把名字寫成平假名或片假名。

為什麼他們要這麼做？因為他們要營造自己「柔軟」、「親切」的形象。簡單來說，就是運用暗示來打選戰，這是一種戰略。

日文中，漢字給人的印象比較男性化，而平假名則較女性化。從政的人因為了解這種暗示效果，才紛紛把自己的名字寫成平假名。

另外，聽說外國人的名字，中間字越多，給人的印象就越厲害。

英國南安普敦大學（University of Southampton）的溫納德・潘迪爾柏克（Wijnand Van Tilburg），用寫文章的方式，簡單說明一般相對性理論。然後，只改了筆者的名字，他把中間名稍微加長了一點。

在名字下工夫，翻轉印象

之後，他詢問看過文章的人，是否可以認同文章的內容。結果發現，中間名越長，所獲得的認同比率就越高。以外國人來說，中間字越多，給人的印象好像就越知性、越有智慧。

我們可以從對方的名字感受到各種印象。譬如，他是個可敬的人、他是個溫文爾雅的人、他是個有智慧的人等。

筆者的名字	認同的分數
大衛・克拉克（David Clark）	4.92
大衛・**F**・克拉克（David. F. Clark）	5.80
大衛・**F**・**P**・克拉克（David. F. P. Clark）	5.05
大衛・**F**・**P**・**R**・克拉克（David. F. P. R. Clark）	6.0

※ 分數越接近 7 分，表示越認同。
（資料來源：Van Tilburg. W. A. P. et al）

所以名字要盡可能給人家好的印象，才會有助於自己日後人際關係的發展。

本節重點

只要在名字上下工夫，就能讓人感受到你的親切。

7 容貌的影響力比你以為的大

人的容貌因人而異，有的人實力不怎麼樣，卻可以憑著長相，讓自己看起來好像「有才能」。「不知為什麼，就是覺得這個人好像很可靠。」、「總覺得他看起來像是一個會做事的人。」有些人的長相，就是這麼令人羨慕。

有心理學資料顯示，只要看候選人的長相，就可以預測是否可以當選，而且準確率高達七〇％。

那麼，什麼長相的人會當選？就是有一張「看起來有才幹的臉」的人。

普林斯頓大學的亞歷山大．托德洛夫（Alexander Todorov），把二〇〇四年競選參議員候選人的照片，拿給不認識這些候選人的學生看，並問：「哪一位看起來好像比較有才能？」然後，再實際確認這些人是否當選。結果，看起來好像有才能的人，當選的機率高達六八·八%。

托德洛夫再進一步，用二〇〇〇和二〇〇二年的候選人照片，做同樣的實驗。結果，有當選的機率更高達七一·六%。由此可見，長得看起來有才能，當選的機率果然特別高。長相給人的暗示影響力，好像真的非常強大。因為，無須調查候選人是否真的有才能，多半有權勢的人光憑長相就可以當選了。

長相老成，你就有才能

但是，所謂有才能的長相，具體而言，到底是什麼樣的長相？

倫敦大學的克里斯多夫·奧里奧拉（Christopher Olivola）就用三百個人的臉部照片，調查什麼樣長相的人，容易被認為是有才能。結果，很明顯就是長相老成（看起來成熟的臉）的人，和長相有男人味的人，看起來比較有才能。

有一張娃娃臉的人，就是有圓臉、大眼、寬額頭等特徵的人，看起來好像比較沒有才能；男性，只要輪廓分明、下巴戽斗，就會看起來有才能。

如果有一張這種臉，可得好好感謝生下你的父母。因為工作時，這種容貌會很容易讓別人對你有可靠、可信賴的好印象，在各方面都占盡便宜。

另外，奧里奧拉也調查了給受試者看照片的時間。即使提示的時間僅短短一秒，但是照片給受試者的印象依然不變。

由此可見，只要花一秒鐘看他人的長相，對方就會給我們是否有才能的印象，容貌的影響力真的遠比我們所想的還要強大。

本節重點

長相老成、有男人味，在與對方第一次見面時，比較容易獲得信任。

8 背打直，年收入就會提高

我在前一節已說明，某種長相可以發揮暗示的效果。其實，相同情形也可以套用在身高上。從結論來說，就是身高比較高的人，似乎能夠給人有領導力、可以信任的暗示效果。

加拿大的布雷頓角大學（Cape Breton University）的史都華．麥肯，分析了一八二四至一九九二年，四十三屆的總統大選。因為一八二四年之前的選舉不是普選，所以不列入分析範圍。

結果發現，身高比較高的候選人，不但容易獲得有本事的評價，還容易當選。

佛羅里達大學的蒂莫西．傑吉（Timothy Judge），也調查了約八千六百名的受試者，發現一個人的身高和收入成正比——身高較高，收入也高。

根據傑吉的調查結果，身高每高一英寸（約二．五四公分），年薪就會多七百八十九美元。因此，身高一百八十三公分的人的年薪，就比身高一百六十五公分的人，多了五千五百二十三美元，三十年累計下來，就差了數十萬美元。

挺直腰，長身高，評價、收入跟著升高

在動物和昆蟲的世界，雄性之間大打出手時，大部分都是個頭大的獲勝。或許在人類的世界，也是身高高、個頭大的人比較有利。

因為身高高，會帶來比較容易獲得信任、有本事的暗示效果，所以在日常生活當中，身高高的人容易獲選為各種團體的領導人物。譬如，自治會的會長、家長會的會長等。

當然，身高不高的人，也不是完全無法發揮暗示的效果。

譬如，只要抬頭挺胸把背打直，看起來就可以高個二至四公分。大家可不

平時就要用心，讓自己看起來比較高

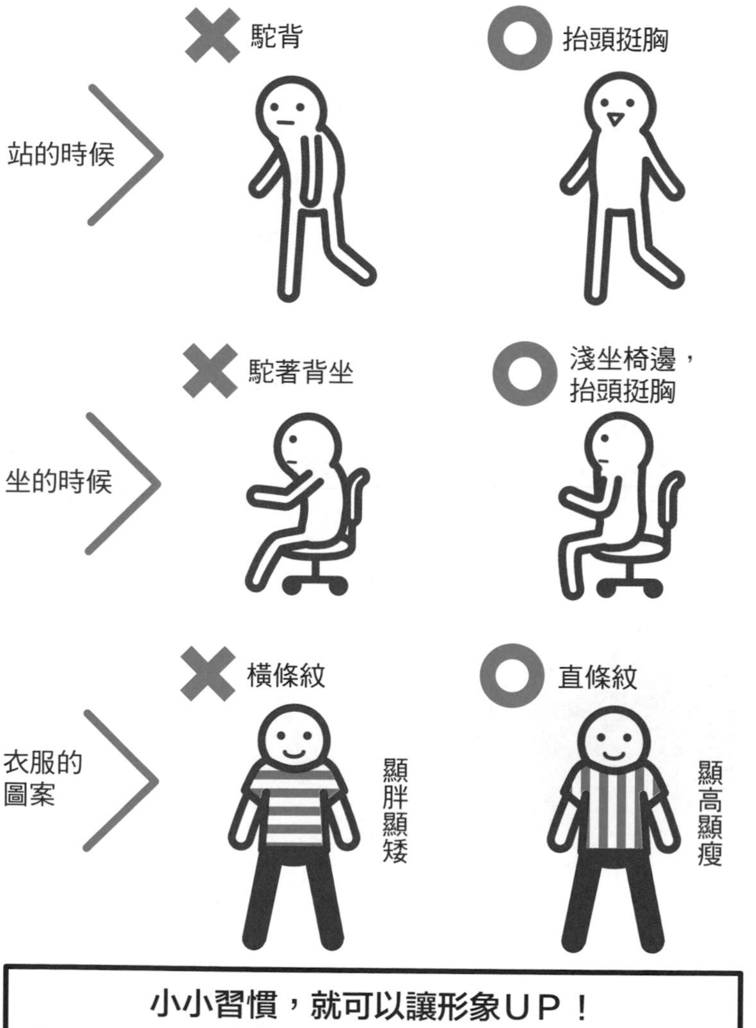
站的時候
駝背
抬頭挺胸
坐的時候
駝著背坐
淺坐椅邊，抬頭挺胸
衣服的圖案
橫條紋
顯胖顯矮
直條紋
顯高顯瘦

小小習慣，就可以讓形象ＵＰ！

要小看這區區幾公分，根據傑吉的研究，僅差二至四公分，年收入也跟著差上一大截。反過來說，如果成天駝背，看起來就會比較矮。吃虧的是自己，所以一定要留意自己的姿勢。

坐椅子時，如果坐到椅子最底部，頭的位置會變得比較低；如果淺坐椅子前沿，然後將背部打直讓背向上延伸，個頭看起來就會比較大。

還有，選購襯衫、夾克時，盡量選直條紋的，因為直條紋有顯高、顯瘦的效果。

本節重點

透過服飾、姿勢，為自己的身高加分，不讓自己因身高而吃虧。

9 用古典音樂當背景，客人會待久一點

如果我是老闆的話，我會選古典音樂作為店裡的背景音樂。因為我知道有研究指出，播放古典音樂會帶動營業額。

德克薩斯理工大學（Texas Tech University）的查爾斯・阿雷尼（Charles Areni），花了三個月的時間，做了一項週五和週六去酒坊更改店內播放音樂的研究。

阿雷尼分別在週五和週六，交互播放古典音樂（莫扎特的精選集、孟德爾頌的鋼琴協奏曲等）和最近的音樂（《告示牌》單曲榜上的前四十強曲子）。然後，再分別調查改變背景音樂當天的營業額。

結果，每位客人的平均消費額，在播放古典音樂的當天是七・四三美元，

在播放前四十強曲子的當天則是二・一八美元，兩者相差了三倍之多。

另外，阿雷尼還測了客人待在店裡的平均時間，播放古典音樂時是十一・〇一分鐘，播放前四十強曲子時有八・九七分鐘。

播放古典音樂，提高賣酒營業額

為什麼播放古典音樂時，營業額會比較好的理由，可以從各方面去思考。其中一個原因，就是聽古典音樂時，會讓人感到心情放鬆，所以會覺得舒適，自然在店裡待的時間就會比較久。

待的時間久，當然就會選購店中的各種商品；抑或是，聽格調高的古典音樂，會讓人有振奮的感覺，覺得自己是有錢人。

當然，也不全然都和店裡的氣氛有關係。因為阿雷尼的實驗是在酒坊進行的，對酒這種商品而言，古典音樂自然會比較適合。

如果不是酒之類的商品，或許得到的結果就不一樣。這一點，就得請老闆自己驗證了。

本節重點

賣酒的商品，如果以古典音樂作為背景音樂，會比較容易提升營業額。

10 「這裡有監視器」讓人不敢做壞事

看到「這裡設有監視器」的看板，人就會不敢做壞事。

為什麼？因為會認為自己被某人監視了。

有些人會在汽車上，貼上歌舞伎人物的眼睛作為裝飾。據說，這種貼紙具有防止他人犯罪的效果，因為它會讓人覺得「我在看著你」，我們只要一想到有人正在看著自己，就不敢做壞事。

在沒有人的狀況下，人的眼睛就可以充分發揮暗示的效果，讓人覺得警察好像就在現場盯著你。有「人的眼睛」就會不敢做壞事，這可是有心理學實驗驗證。

貼張眼睛貼紙，讓人不敢做壞事

英國紐卡索大學（Newcastle University，又譯為新堡大學）的梅莉莎．貝特森（Melissa Bateson），在大學的休息室進行了這個實驗。她在休息室放了紅茶和咖啡，請享用的人自己把錢放入箱子裡。但是，大家都沒有放錢。

大學老師總是給人認真、老實的印象，不過，好像並非如此。於是，貝特森就在箱子上貼了一張畫了眼睛的貼紙。但是，並非天天都貼同樣的貼紙，有時貼紙上畫的是眼睛，有時是花朵。然後，再統計放入箱子裡的錢。結果，貼眼睛貼紙那天的金額，是貼花朵的二．七六倍。

「只是少了一點，不會怎樣的！」有這種想法的人，如果沒人看，就容易做壞事。但是，看到貼紙上的「眼睛」在看自己，就會覺得全身不自在而不敢做壞事。

從這個實驗就知道，如果我們被某人盯著看，就會不敢做壞事。

接著我再介紹另外一個不同的實驗。

哈佛大學的特倫斯・柏納姆（Terence Burnham）做了一個實驗。他給四個人十美元，讓他們分給其他的人。然後，再問他們這十美元，他們想分多少錢給其他人。

柏納姆為這個實驗設定了一個條件：兩個人在「人眼機器人」的注視下進行分錢作業，另外兩個人則沒有機器人監視。受試者被「機器人」看著時，分給別人的錢，平均是六・七五美元；沒被看著時，平均是五・二五美元。

這個實驗顯示，如果有人看著的話，分給其他人的錢會增加二九％。換言之，

監視效果高的是哪一個箱子？

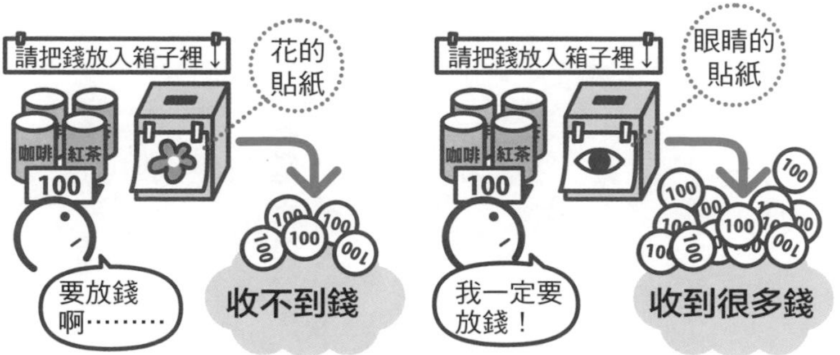
請把錢放入箱子裡
花的貼紙
咖啡
紅茶
100
要放錢啊………
收不到錢
請把錢放入箱子裡
眼睛的貼紙
咖啡
紅茶
100
我一定要放錢！
收到很多錢

如果被人看著，我們會比較大方。

最近好像滿街都是監視器，裝行車記錄器的車子也越來越多了，這是好現象。因為，只要想到有人在看自己，人就會不敢做壞事，而且對別人也會比較寬宏大量。

如果大家知道辦公室裝了監視器，應該都不敢偷懶了吧！不過，這種做法可能太誇張了。

本節重點

想預防偷懶、搞鬼，就貼一張畫了「眼睛」的紙！

11 安慰劑效應，醫生最常使用

明明完全沒有任何藥效，可是只要醫生對病患表示「這個藥非常有效」，並讓病患服下「假藥」的話，病患的症狀真的就會緩解，這叫做「安慰劑效應」（placebo effect）。

操控人心就運用安慰劑效應

史丹佛大學的巴巴・希布（Baba Shiv），讓受試者喝假的提神飲料，並騙受試者：「喝這種飲料可以讓頭腦清醒。」

他讓一半受試者喝的是，標價為一・八九美元的飲料，另一半受試者喝的是，用橫線畫掉一．八九美元的標價，另外貼了一張打折後為〇．八九美元標價貼紙的飲料。

然後，再問受試者事先準備好的十五個問題。結果，喝沒有貼降價貼紙飲料的這一組，很多人都能夠回答出正確答案。從這個實驗就可以看到，「因為喝了提神飲料，頭腦應該就會清醒」的暗示，的確具有安慰劑的效果。

但是，在知道打折這一組身上，就看不到安慰劑效應，因為這一組人心裡的想法是：「這種飲料這麼便宜，怎麼可能會真的有效！」

對消費者而言，或許貴的藥比較有效，因為消費者會認為便宜的藥似乎沒什麼效用。由此可見，價格一定要定到某種程度，才能夠啟動安慰劑效應。

這種現象在化妝品上也看得到。如果化妝品的訂價高，也會產生一種暗示性的安慰劑效應，讓消費者認為或許真的可以讓肌膚變年輕。

但是，便宜的化妝品就會讓人覺得怪怪的，心中一有疑慮，安慰劑效應也跟著消失。

「價格高等於有價值」如同一種烙印，企業只要能夠善用，就可以引導事業走向成功。

本節重點

人很容易認為價格高就是有價值。

12 簡報成功的訣竅，看樣品

靠嘴巴做說明，還不如秀實物，更能讓人理解。做簡報時，如果有實物，一定要秀出來，這樣才能抓住聽簡報人的心。

蘋果電腦創辦人史蒂芬．賈伯斯（Steven Jobs），做MacBook Air（蘋果公司所開發的一款超薄型麥金塔筆記型電腦）的簡報時，從棕色信封中取出筆記型的電腦，讓現場的人為之驚豔。

如果賈伯斯只靠嘴巴說明的話，這款超薄型的筆記型電腦應該就不會賣得嚇嚇叫了。因為他讓大家親眼看到這款電腦的薄度，所以成功了。

有樣品才有說服力

加州理工學院班傑明・布什頓（Benjamin Bushong）做了一個實驗。他給受試者三美元，並讓受試者看巧克力棒、洋芋片等八十幾種零食。然後，請他們用這三美元任意買自己喜歡的零食。只是，這個實驗設定了幾個條件。首先，只提供商品名稱。在這個條件之下，布什頓只告訴受試者零食的牌子，這時，受試者只花了六十八美分買零食。

接下來，給予想像的空間。在這個條件下，布什頓除了告訴受試者零食的名字之外，還附上了可供想像的零食照片。但是，在這種狀況之下，受試者還是只花了七十一美分購買零食。

最後是提供實物。在這個條件之下，布什頓準備了零食的實品，讓受試者邊看邊買。這時，受試者平均

花了一百一十三美分購買零食。

只知道零食的名字，並不會很想買，看了照片，還是不會很想買，但是，看到實物，我們就會食指大動了。

做簡報時，不要只準備照片等資料，要盡可能帶著實物登場。如果實物太大，至少要做個縮小的樣品，只要有樣品，客戶的反應就會大不同。

本節重點

做簡報時，準備實物或樣品，效果佳！

有樣品就有說服力

4

任誰都會服從的操控技巧

1「被貼標籤」而任人擺布，巴納姆效應

「你啊，你就是這類型的人！」被這麼一說，大部分的人都會乖乖對號入座：「原來我是這種人！」尤其是低潮、失意時，就越容易任人擺布。乍聽之下，這句話好像沒什麼，卻是一種可以抓住人心、具有暗示性的說話方式。

如果有人刻意使用操控人心的技巧，我們的心就會無招架之力，在沒有警戒的狀況下，對人唯命是從。這一章，我要帶著大家深入了解操控人心的機制，並告訴大家可以透過何種狀況或影響增加暗示的效果。

有了這些知識，你不但可以操控別人，還可以學會如何不被狡猾之人洗腦。

現在，我們再回到一開始的那句話：「你啊，你就是這類型的人！」人之所以會對號入座，其實有心理法則可循。

透過心理技巧，可以讓人心失去主見

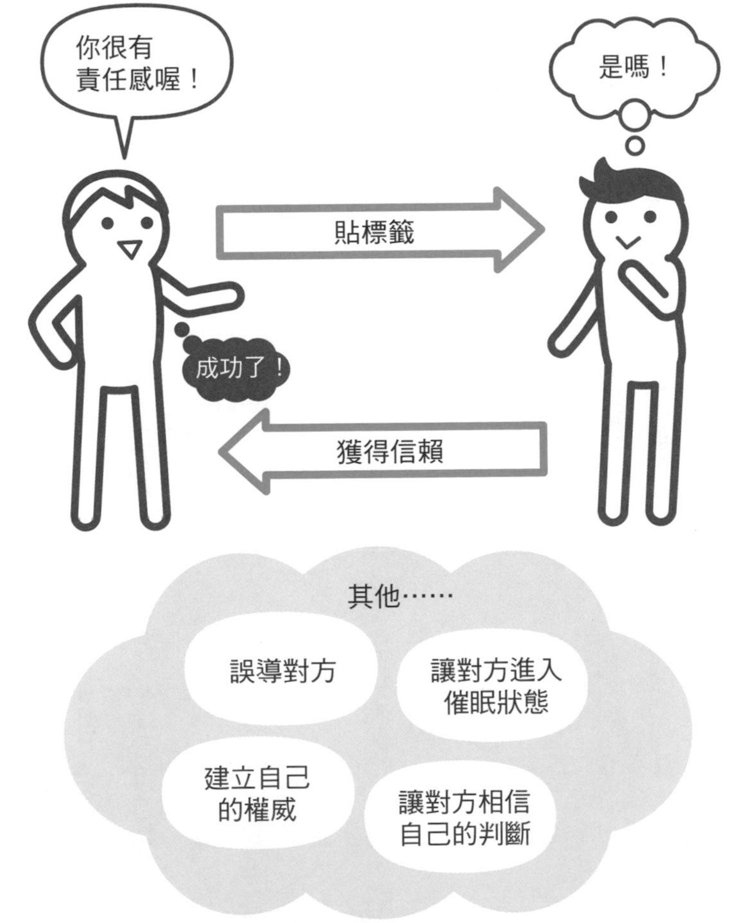

各式各樣操控人的技巧！

就心理學而言，我們知道不論在對方身上貼何種標籤，大部分的人都會照著你的意思做。在心理學上，這叫做「巴納姆效應」（Barnum effect，是一種心理現象，人們會對於認為是為自己量身訂做的人格描述，給予高度準確的評價。但這些描述模糊及普遍，以致能適用於很多人身上）。我們好像都非常了解自己，其實不然，能完全了解自己的人真的不多。因此，人心可以輕鬆被操控。

接下來，我們就一起來看看，使用什麼樣的心理技巧，可以讓人心變得毫無防備，乖乖照你的意思去做。此外，我們還要從中找出保護自己，讓自己不會輕易受騙和操控別人的方法。

本節重點

人在所有的地方都有可能被貼標籤，一定要留意！

2 四海皆準的評價，總是有人對號入座

《大娛樂家》（*The Greatest Showman*）是一部根據真人，也就是片中的主角P・T・巴納姆（P. T. Barnum）的故事所改編的電影。

前一節介紹的巴納姆效應，就是為了向這個人物表達敬意，而以他的名字命名的一個專有名詞。

明明是虛假的言論，但是一旦透過別人的嘴套用在自己身上，我們就會乖乖俯首聽命。在許多的研究中都可以看到巴納姆效應。

東密西根大學（Eastern Michigan University）的雪莉・奧德，讓七十三位大學生接受一個假的心理測驗，測驗結束後沒多久，診斷結果出爐了，奧德把診斷結果發給大家。不過，事實上，所有人的診斷結果都一樣。

那麼，雖然大家的診斷結果都相同，收到診斷結果的學生們，真的都會異口同聲說「準」嗎？

四海皆準的評價，卻能操控任何人

奧德給同學們的診斷結果全都這樣寫：「你是一個謹慎、內向、會克制自己的人，一旦接手一項工作就不會中途放棄。你內心的不安稍稍高出一般人，不太愛說話。做決策時，有依賴別人的傾向。想像力豐富。宗教和政治態度趨向保守。」

各位讀者覺得如何？或許也有人會覺得：「準，我就是這種人！」這種反應其實和參加這個實驗的人一樣。

任何人都認為只有自己不會被騙。但是，在某種心理技巧面前，你的心會完全沒有防備，這是不爭的事實。

因此，重要的是，自己要先進一步了解操控人心的心理技巧，並留意不要被別人的猜測或壞心眼耍得團團轉。

本節重點

明明套在任何人的身上都說得通，可是人卻有對號入座、自行解釋，並全盤接受的習性。

3 誤導，也是一種誘導

如果有人說：「接下來，我要開始騙大家囉！」我想各位讀者一定會認為，自己不會被騙。因為對方已經「親切」的先提出警告：「我要騙你們了！」但是，儘管如此，還是有人會被騙。

用誤導使對方乖乖聽你的

美國麻省威廉士學院（Williams College）的史蒂芬・林賽（Stephen Lindsay），讓一百三十六位大學生，邊看七十九張的投影片，邊聽故事。

這個故事是在說一位修理工人，如何在辦公室不斷偷錢、偷電腦的故事。

四十八小時之後，林賽為這些大學生進行記憶測驗。做測驗時，林賽告訴大學生，出試題時他使用了誤導的技術，所以「試題中會有錯誤的前提提示」，他先提醒學生們要注意。

試題中，有一題是「祕書帶了傘。請問這把傘是什麼顏色？」事實上，祕書並沒有帶傘。因此，這個前提就是一個誤導。透過這個題目，我們就知道很多人都會被誤導。

四十八小時，也就是兩天前。學生們對兩天前看過的投影片，記憶已經有點模糊，所以很容易就被誤導。

「你們有可能會被誤導喔！」因為已經事先告知，所以學生們應該會格外小心。縱使如此，人還是很容易就上當受騙。

在真實的世界裡，沒有一位騙子會先刻意告訴你：「接下來，我要開始騙你喔！」也沒有惡質的占卜師、宗教家，會預先告訴你：「我會對你說一些虛假的事情。」換言之，我們不但有被騙的危險，被騙的機率還相當高。

要避免被誤導，不只是針對對方的問題，就連題目的前提，也都必須抱持懷疑的態度，這樣才不會上對方的當。

「如果您要買的話，是自己直接拿回家，還是之後再郵寄到府？」如果店員這麼問的話，就是以你會購買為前提來詢問。這種技術稱為「引導技術」。

在這種狀況之下，千萬不要老實回答店員：「東西很重，還是郵寄好

扭曲記憶

所帶的傘是什麼顏色？
紅？
藍？
黃？
誤導成功！
同學回答了投影片中沒有出現過的顏色。

了！」因為你從頭到尾都沒有說過要買。這時，你可以用這句話回答：「你這個問題的前提很奇怪耶！」

本節重點

和他人對話時，要養成一個習慣，就是要懷疑對方所說的話的「前提」。

不要被誤導

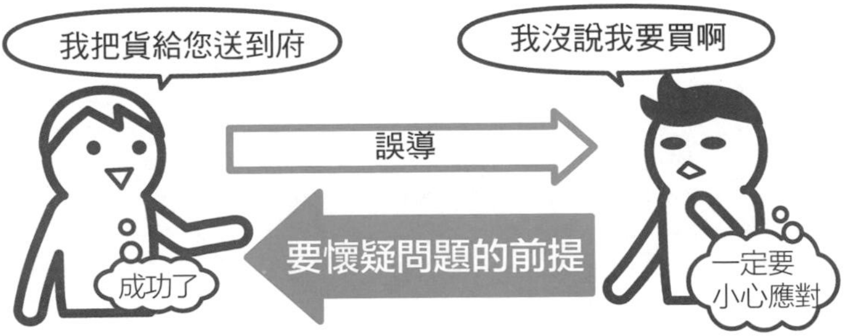
我把貨給您送到府
我沒說我要買啊
誤導
要懷疑問題的前提
成功了
一定要
小心應對

4 你相信什麼，什麼就是事實

我們只相信自己想相信的事情。不管真相如何，人就是會只相信自己想相信的事情，只看到自己想看的東西。

假設有一個人看上去溫文儒雅，什麼都不計較，但事實上，這個人內心很脆弱，而且碰到事情非常情緒化。

正向肯定，自我相信

但如果有人對他說：「你真是個溫文儒雅的人。」這個人一定會相信，因為，他想相信自己就是這種人。

奧勒岡大學（University of Oregon）的諾曼・桑德柏格（Norman Sundberg），讓大學生接受明尼蘇達多項人格問卷（Minnesota Multiphasic Personality Inventory，簡稱MMPI），題目多達五百五十題。

桑德柏格用這個測驗做暗示的實驗，並準備了假的診斷結果。二分之一的學生拿到的是真的診斷結果，二分之一的學生拿到的是假的診斷結果。

假的診斷結果中的內容全都相同，雖然裡面也寫了一些不好的狀況，但整體的內容還是偏向正面、肯定、積極。假的診斷結果的內容如下述：

「根據此次測驗的結果顯示，這個人有時雖然情緒會低落，但不是一個性情不定的人，因為這個人平時活力旺盛而且很樂觀。但是，這個人有一個問題，就是專注力不夠。這個人雖然開朗、社交能力強，但有時還是會內向拘謹。這個人很為自己感到驕傲，所以不會輕易相信別人沒有根據的言論。這個人有自我批判的傾向。」

桑德柏格把真的診斷結果和假的診斷結果分別交給學生，並問他們：「你認為準確度有多少？」

令人驚訝的是，收到假的診斷結果的這組同學中，認為準的人，比收到真的診斷結果的另一組同學，認為準的人多出一大截。

因為受試者認為，比起客觀的心理測驗，桑德柏格胡亂做的判斷，似乎更能精確的掌握自己，所以我也不能說什麼。

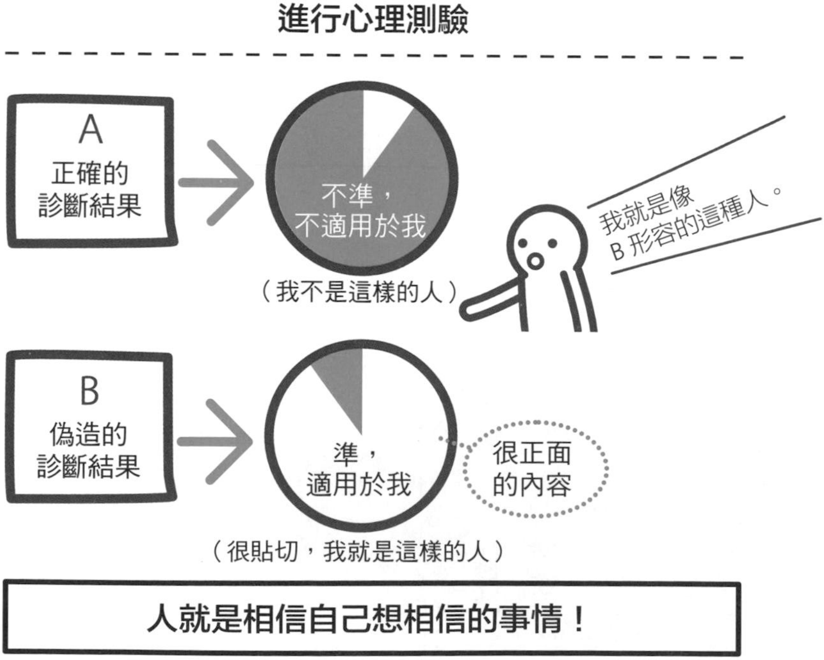
進行心理測驗
A
正確的
診斷結果
不準，
不適用於我
（我不是這樣的人）
我就是像
B 形容的這種人。
B
偽造的
診斷結果
準，
適用於我
很正面
的內容
（很貼切，我就是這樣的人）
人就是相信自己想相信的事情！

追根究柢，我們還是相信自己想相信的，所以真相如何或許並不重要。

自己知道自己過的不是健康的生活，但是一旦有人對自己說：「〇〇〇，好羨慕你有這麼健康的身體喔！」你就會相信這句話，並自以為「自己的身體是健康的」。或許，只要碰到和自己有關的事情，我們就是無法客觀思考。

本節重點

內容正面比較容易被人接受，所以即使被騙也很難察覺。

5 身體放鬆的人不容易說「不！」

很多人都會把暗示和催眠混為一談，但是這兩者還是有不同的地方。

暗示指的是，針對對方的思考、行為，實施心理誘導的一種技術；而催眠指的是，讓對方進入容易受到暗示的狀態。因此，讓對方進入催眠狀態，可以說就是讓對方成功受到暗示的前提。

另外，催眠和睡眠也是很相似的兩個名詞，但這兩者也不一樣。

進入催眠狀態未必就真的想睡，因為這時人還是有意識的。人進入催眠狀態，只是進入一種高度批判能力、判斷能力被剝奪，對對方所說的話會百依百順的狀態。

因此，如果一個人在被催眠的狀況下看電視廣告，會很難判斷「商品是真是假」、「廣告商是不是想欺騙消費者」。在被催眠的狀況下，人會失去批判能力，對廣告言聽計從，只有一個念頭：「哇，這個產品太棒了，我好想要喔！」

利用催眠來說服對方

懷俄明大學（University of Wyoming）的詹姆士．馬洛特（James Malott），催眠四十八名學生。學生們閉上眼睛，覺得手臂越來越重，身體越來越沉，完全進入了被催眠的狀態，然後，馬洛特讓他們聽長達四分半的說服錄音帶。

說服錄音帶的主要內容是，在大學畢業時，最好能夠進行一次高難度的考試。對學生而言，當然是沒有考試最好，所以錄音帶的內容，不是大家可以輕易接受的。

但是，被催眠的學生很明顯的沒有特別反對，他們接受了錄音帶的內容。在聽錄音帶的四分半裡，學生們的腦海裡會出現各種想法，卻很難想到要反駁。

✕ 貿然進行心理誘導　〇 首先，先緩解緊張

暗示
拒絕
如果不嫌棄的話，
請先用點點心
好的

如果對方進入催眠狀態

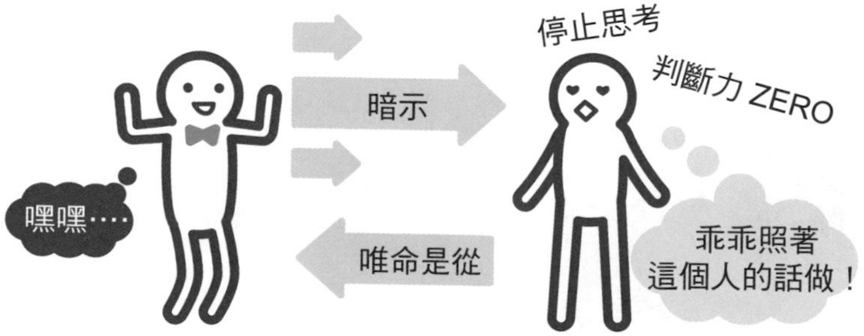
暗示
停止思考
判斷力 ZERO
嘿嘿……
唯命是從
乖乖照著
這個人的話做！

從這個實驗中我們知道，想要向誰推銷某個產品時，首先就要設法讓人進入催眠狀態。

那麼，要怎麼做，才能讓人容易進入催眠狀態？

最直接的方法，就是盡可能讓對方放輕鬆。先協助他解除警戒心、舒緩緊張感。

「〇〇〇，今天天氣很熱，請脫掉外套吧，我也把外套脫掉了。」

像這樣，鼓勵對方把身體放鬆。先用緩慢、平靜的說話聲音，解除對方的緊張感，再讓對方慢慢放輕鬆。對

順利進入談判的訣竅

說話聲音
要沉穩
警戒心
ZERO！
說話的
速度要緩
臉部要
帶著笑容
要配合對方
的步調等等

方的身心一放鬆，就很容易進入催眠狀態，在這個狀態下進行談判，順利說服對方的可能性就會大幅提升。

本節重點

就如同「太陽和北風」的寓言故事，讓對方放輕鬆比較能夠獲得信賴。

6 面對「權威」，人的思考會失靈

一般來說，我們面對「權威」時，都會不敢抬頭。這是因為只要一想到對方是一位權威者，瞬間就會失去正常的思考能力，並盲目相信對方所說的話。

大部分的人都會乖乖聽醫生所說的話，面對醫生時，不但不會懷疑：「真的適合我嗎？」還會不斷點頭說：「是、是。」因為醫生是醫學權威。

假設，你碰到了麻煩，去找律師商量。這時，律師提出建議：「有很多方法可行，試試○○如何？」我想大部分的人聽到律師這麼說，都會乖乖接受。這是因為律師也是權威者。

又或是，不靠譜的雜誌刊載了像是「月球上有生物」、「深海中有人居住」之類的荒唐報導，大多數的人應該會覺得可疑而不相信。

但是，同樣的報導如果是刊載在一流的雜誌《科學》（*Science*）上，又會如何？「說不定月球上真的有生物。」讀者的想法就會大不相同。

想誘導他人時，最迅速的方法就是依賴權威。只要把權威抬出來，大部分的人都會在瞬間陷入思考停止的狀態，未經深思熟慮就全盤接受。

權威使人信服

堪薩斯大學的基斯．哈柏林做了一個實驗。他把偽造的心理測驗診斷結果，交給三十名男生、三十名女生，合計六十個人，並問他們：「你覺得這個診斷結果準嗎？」

只是，這些診斷結果都附上了診斷者的個人簡介。有的診斷者是業界的權威、有的診斷者是沒沒無聞的小輩。總而言之，哈柏林將這些人分成了三個等級（見左頁表格）。哈柏林發給受試者的診斷結果報告內容都一樣。但是，知道診斷自己的是高權威人士的受試者，認為準而接受的比例最高。反之，對於自己不太信任的人所做的診斷結果，認為不準而拒絕接受的比例也很高。

因此，想暗示他人時，請設法製造權威的氣氛。譬如，你可以說：「我知道這是一位偉大的科學家所做的研究。」、「這是一流專業雜誌上的報導。」借用別人的權威，就可以順利說服對方。

本節重點

祭出權威人士所說的話，就可以讓對方停止思考，進而容易說服。

高權威	擁有博士學位的臨床心理學家。
中權威	擁有碩士學位的碩士生。
低權威	最近才剛取得相關證照的大學生。

7 語氣果斷，對方就會信

儲存在電腦裡的資料，只要電腦不故障，資料在被儲存的狀態下，就不會有任何改變。

但是，人的記憶就不是如此了。人的記憶和被儲存的資料不一樣，只要別人稍微給一點暗示，就會產生變化。

沒有一個人對自己的記憶是百分之百確信，大部分的人對自己的記憶都是模糊的。因此，當別人果斷的告訴你，你說過哪些話時，你就會懷疑自己，並心想：「我真的這麼說了嗎？」、「真的有這回事嗎？」

如果對方對你說：「前幾天我借了一千元給你喔！」明明不記得有這回事，但是心裡還是會嘀咕：「說不定，真的是我忘了……。」在不安的狀況下，就會想把錢還給對方。

用「果斷」擺布對方

科羅拉多大學（University of Colorado）的莉迪亞．吉爾斯特拉普（Livia Gilstrap），做了一個有關記憶的實驗。

她讓受試者看一個身穿紅襯衫的男子彈吉他、喝碳酸飲料、約莫兩分鐘長的影片，然後再針對影片的內容提問。

只是，吉爾斯特拉普問的問題，是影片中沒有的假問題。她問受試者：「男子所穿的衣服是藍色的，對吧？」

結果，大多數的受試者未經深思就回答「是」。就連問：「請問這名男子穿什麼顏色的衣服？」時，回答正確的人，聽到吉爾斯特拉普果斷再問一次：「男子所穿的衣服是藍色的，對吧？」後，也回答「是」。

因此，如果對方是個不記筆記的人，你就有可能透過暗示讓對方聽命於你。

「我們已經說好截止日是兩個月後，對吧？」、「第一次的訂貨量，不是一百個，而是三百個，對吧？」

雖然這些話明顯對自己有利，但是只要對方沒有記筆記，還是有可能讓對方任你擺布。因為，當對方的口氣是果斷、肯定的，我們的心裡就會想：「我一定是這麼說過。」

尤其是在電話中做承諾時，聽錯話是常有的事情，就會深信或許是自己弄錯了，而老老實實照著對方的話去做。

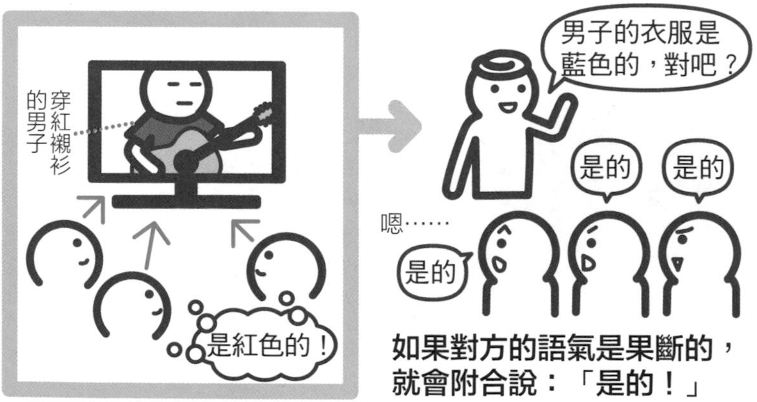

如果對方的語氣是果斷的，就會附合說：「是的！」

要騙沒有確認習慣的人一點都不困難，因此，為了避免自己被騙，除了要仔細確認之外，重要的事情一定要白紙黑字記下來，千萬不要相信自己的記憶。

本節重點

縱使對方說得很果斷，也未必是事實。

8 人的自以為是，會扭曲記憶

最初只不過是推論，但是經過別人的嘴聽起來，這個推論在自己的內心，就會逐漸變成事實。「我們部門的〇〇〇，好像和主管有不倫之戀」之類沒有根據的推測，經過幾個人轉述之後，就會漸漸向事實靠攏。

人會嘗試蒐集對自己有利、對自己有好處的資料。因此，人一旦提出自己的假設或推測，會為了讓假設、推測能夠一致，就會不考慮別人，只蒐集對自己有利的資料。

譬如，懷疑〇〇〇有不倫之戀的人，只要看到她和主管在談公事，就會企圖把這一個畫面，視為是證實「根本是沒事找話說，這兩個人的關係果然可疑」這個事實的證據。

無憑無據的推測，變成事實

中密西根大學（Central Michigan University）的黛波拉．普爾（Debra Poole），想確認人們是否會把單純的推論視為事實。

普爾讓受試者親眼目睹她的兩位實驗助理約翰和梅拉在吵架，然後問受試者：「約翰和梅拉是什麼關係？」當然，因為受試者不是實驗小組的人，所以就用推論的方式回答：「他們八成是一對情侶吧！」

但是，一週後，普爾再問這位受試者：「約翰和梅拉是什麼關係？」受試者說：「他們就是一對情侶。」顯示在受試者的心裡，這已經是一個事實。

「大概，是○○吧！」、「恐怕，確實是○○。」、「或許是○○。」這類的推論，在以訛傳訛的過程中，就會逐漸變成（大家心中）既定的事實，或許這也是一種暗示效果。但是，推論變成事實，卻是一種很可怕的現象。謠言變成既定的事實，是常見的事情。不過我建議大家不要明知故犯，故意用「把推論變成事實」的方式操控人。這麼做，除了有詐欺的嫌疑外，萬一有人刻意把這件事透露給對方知道，也會徹底破壞你和對方之間的人際關係。

總之，大家一定要牢記，人就是有這種心理傾向，所以一定要留意，不要把無憑無據的話當作是真的。

本節重點

自以為是（成見、偏見）會扭曲記憶，必須自我警惕。

自以為是變成了既成的事實

一週後
推測
他們好像
在交往
判斷
他們是一對
情侶！

9 「聽說」也是一種誘導，多數人都信

權威者所說的話，暗示效果更好。醫生、律師所說的話，之所以有這麼高的暗示效果，是因為醫生、律師是權威者。

但是，有高暗示效果的八卦，就似乎和說的人有無權威沒什麼關係。

「好像發生○○喲！」悄悄的好像故意說給對方聽，也是種暗示的技術。

「聽說」讓兔子逃進教室吃蘿蔔

但是，這種八卦，人人在不知不覺中都會說，所以到底是誰說的，似乎沒有那麼受到重視。

美國賓夕法尼亞州阿西納斯大學的加布里艾爾・普林賽普（Gabrielle Principe），找來一百七十五位幼稚園小朋友，試驗他們藏在記憶裡的暗示。因為共有四個班，所以普林賽普就分別為每班都設了不同的實驗條件。

四分之一的小朋友（A班），讓他們聽老師八卦說：「聽說有兔子逃出來，在教室吃紅蘿蔔。」

四分之一的小朋友（B班），安排同班同學說這個八卦。

四分之一的小朋友（C班），安排讓他們目擊實際的場面。

四分之一的小朋友（D班），既不告訴他們這個八卦，也沒讓他們目擊實際的場面。

一週後，普林賽普問各班的小朋友：「你們還記得兔子在教室裡的事嗎？」結果，有實際看到兔子的那一班，有八九％的人記得。因為他們曾親眼看到，大部分的人都記得。

但是，雖沒有親眼目擊，但聽老師說過的那一班，也有八六％的人回答記得。這表示他們在老師的八卦暗示下，回答了實際並未看到的畫面。

從這個結果我們就知道，對孩童們而言，老師就是權威，所以連帶老師所說的八卦也有暗示效果。

從同學那兒聽到八卦的小朋友，有八九%的人回答，有親眼看到實際的畫面。換言之，雖然說八卦的人不是權

八卦的影響極大

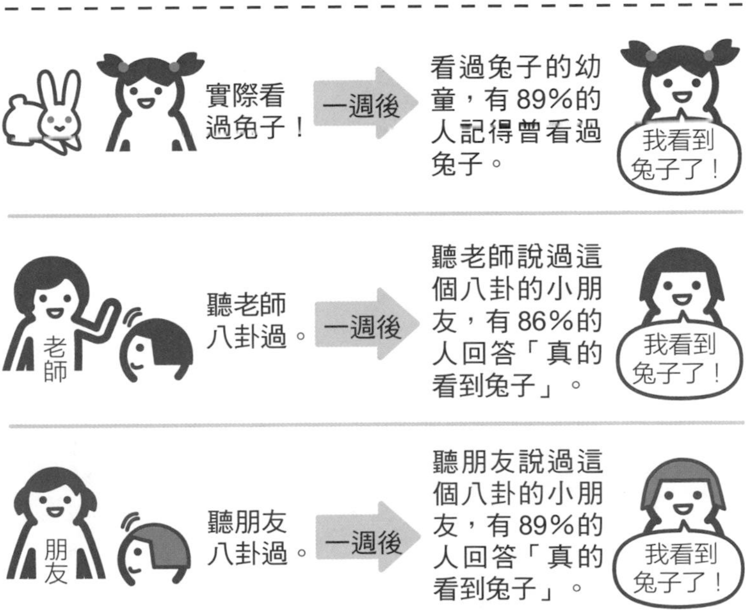

實際看過兔子！
一週後
看過兔子的幼童，有89%的人記得曾看過兔子。
我看到兔子了！
老師
聽老師八卦過。
一週後
聽老師說過這個八卦的小朋友，有86%的人回答「真的看到兔子」。
我看到兔子了！
朋友
聽朋友八卦過。
一週後
聽朋友說過這個八卦的小朋友，有89%的人回答「真的看到兔子」。
我看到兔子了！

威，但是仍讓聽的人收到了暗示。

最後，沒聽說這個八卦，也沒實際看到兔子的這一班，只有五%的人，回答「有看到兔子」。

我們或許都有這傾向，不深思說八卦的人可不可靠，就盲信八卦是真的。為了避免自己因為相信無憑無據的話而遭殃，聽到風言風語時務必要當心。

本節重點

八卦都會誇大其辭或添油加醋，所以聽到時要三思。

10 從對方口中套出你要的答案

美國麥克馬丁幼稚園，曾經發生老師被指控集體虐待數百名幼稚園小朋友的事件（McMartin preschool trial）。因為這些小朋友都異口同聲說被虐待，所以全美為之譁然。

但是經過調查，幼兒被虐一事並非事實。小朋友們所說的事情根本不存在。事實上，負責調查這件事的人，在問小朋友們話時，給了小朋友們虐待一事存在的暗示。

這種誘導對方說出自己想聽的話的訪談技術，後來就以幼稚園的名字來命名，叫做「麥克馬丁訪談技術」（McMartin Interview Technique）。

德州大學的塞納．加本（Sena Garven）研究之後，發現這個技術主要是由六個要素所構成。這裡面也包括了我之前已經提過的一些內容：

①在對方回答之前，先不著痕跡的給新的訊息，然後再進行暗示性的問話。

（例）「你的屁屁有沒有被摸？」、「你記不記得有被拍過裸照？」

②把別人扯進來。

（例）「其他小朋友也這麼說，但是……。」

③對對方的回答表示肯定。

當對方說出自己所期望的話時，就給予誇獎。

④對對方的回答表示否定。

當對方不說自己期望的話時假裝很失望，或假裝認為對方的腦筋不好。

⑤反覆提問。

（例）「你記得自己被拍裸照嗎？」

「嗯嗯！」（邊搖頭）

「想不起來嗎？」

「嗯！」

「再想想，或許能記起來！」

⑥誘導推測。

如果用了①到⑤的技巧都失敗時，就常會用這個技巧。這個技巧就是設法讓對方邊想像邊說、邊幻想邊說。

（例）「如果你的身體被摸了，你想會是哪裡被摸？」

只要使用這六個技巧，應該就可以從對方的口中套出你期望的答案。

但是，因為這是一種強迫對方說話的技巧，所以在倫理上是一種為人詬病的訪談法。因此，我並不鼓勵大家使用這種強人所難的手法，硬要人家把沒有的事說成有，一定會馬上遭到還擊，屆時就會發生你並不希望看到的結果。

反過來說，如果你不希望被心懷不軌的人所操控，在被他人用這種形式問話時，就要設法趕快離開現場。所以我希望大家都能懂一些能夠拒絕對方質問的常識。

本節重點

碰到強人所難，企圖利用捏造的偽記憶騙人的手法，一定要當心！

11 用新訊息誤導舊訊息

假設現在有兩個訊息，這時，人不會被最先記住的訊息影響，而是會被最後記住的訊息所影響，因為最新的記憶是鮮明的。「誤導」這種心理技巧之所以會有效，就是因為人只要接收新的訊息，就會將原本的訊息忘得一乾二淨。

談判要做紀錄，才不會被誤導

肯特州立大學的瑪莉亞·薩拉戈薩（Maria Zaragoza），用一段影片做了關於記憶的實驗。影片的內容是，一名男子進入辦公室修椅子，看到了二十美元就順手牽羊偷走。這部影片裡，有張桌子上面放了一本《魅力》（*Glamour*）雜誌。

受試者看完影片之後，還要閱讀別人看完這部影片後所寫的文章。這篇文章總共有七百五十個字。只是，薩拉戈薩刻意誤導一半的受試者，他們看的文章上面寫，放在桌子上的雜誌是《華爾街日報》（*The Wall Street Journal*）。

另一半受試者所看的文章，寫的是放在桌子上的是「雜誌」。所以這一半的受試者並沒有被誤導。

受試者看完文章之後，薩拉戈薩再針對影片的內容尋問受試者的記憶，並測定他們是否可以正確想起來影片中的雜誌是《魅力》。結果，沒有被誤導的

人很容易就接收新的訊息

那一半受試者，有七五%的人想得起雜誌的正確名稱。

但是，被錯誤文章誤導的另一半受試者，只有四八%的人能夠回答得出正確的雜誌名稱。顯然他們是受到了誤導的影響。

當兩個訊息不一致時，我們會被新進入腦袋裡的訊息影響，甚至完全不會思考原來的訊息是否正確。談判時，如果沒有留下談判紀錄，對方有可能會改成對他們有利的條件，甚至到最後要簽約時，才發現合約條件和當初說好的條件完全不同。因此，談判時一定要當心，謹慎做好談判紀錄，這是避免被對方誤導的必要防衛手段。

本節重點

新訊息會嚴重影響人的判斷。

5

消除對方警戒心的
溝通技巧

1 任何人都能自動幫你做事！

到目前為止，我們已經看過了正向誘導的種類和使用方法。在前一章，我提到暗示可以讓人心無防備，對對方唯命是從。

所以，只要稍不注意，或許就會被狡猾、奸詐的人要得團團轉。從自我防衛的角度來看，我告訴大家的都是很實用的常識，所以平時可以留意。

從這一章開始，我終於要介紹可以操控人的誘導實踐技術了。以下是幾個效果的例子：

- 只要幾秒就可以解除對方的警戒心。
- 可以讓對方願意幫你的忙。

・可以讓人際關係上的壓力銳減。

・可以獲得主管提拔。

以上這些效果都是可以期待的。

提到最適合對人下暗示的場合，絕對是一對一對話的時候。想讓對方在不知不覺之中被引導到你所希望的方向時，就可以使用暗示溝通的技術。

做法很簡單，只要在用

用暗示溝通，讓對方動起來！

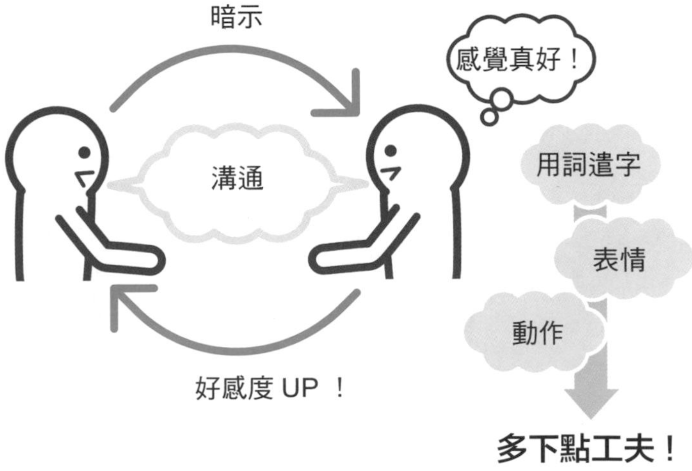

詞遣字、表情、動作上多用點心就可以了。只要讓人喜歡上你，不管任何場合都可以讓對方動起來。

我要介紹的，不管是初學者馬上就會的方法，還是可以發揮強大效果的方法，全都經過精心挑選。

本節重點

在對話中誘導他人，不論在公事或生活上皆管用。

2 隨聲附和，說者無心聽者有意

我們只要看對方無心的反應，就可以判斷自己的回答是對還是錯的。

如果從這個角度來說的話，無心的隨聲附和也可以說具備了暗示的效果。

肯特州立大學的瑪莉亞・薩拉戈薩，讓九十八位學生看八分鐘的迪士尼電影《尋找奇蹟》（*Looking for Miracles*），然後再針對電影的內容，詢問學生們的記憶。具體來說，總共有十二道問題，但是其中有四題，事實上，並沒有出現在影片當中。譬如：「德萊尼跌倒時，哪裡流血了？」（事實上，德萊尼並沒有流血）此時，有一半的學生回答：「我認為是膝蓋。」時，主試者積極附和說：「是的，你說得沒錯，就是膝蓋。」但是，另一半學生回答：「是膝蓋。」時，主試官則有氣無力的附和說：「咦？是膝蓋嗎……。」

一週後再次做記憶測試，被積極附和說「是的，你說得沒錯」的學生，明顯比被有氣無力附和的學生，更相信自己的假記憶是對的。

隨聲附和讓孩子動起來

我們都知道，人很容易因為被讚美而連帶做出反應，所以只要讓對方覺得你的附和是出自於好意，這種隨聲附和也一樣具有誘導的效果。

這是在我們的日常生活當中就可以善用的技巧，大家可以找機會試一試。

「隨聲附和」也是一種誘導

我做好了。
不錯嘛……
嗯～
失望
我做好了。
不錯嘛！
嗯，嗯
下次要
再努力喔！

✕ 冷淡的附和

○ 同樣的話，給人的印象卻截然不同。

假設，自己的孩子說：「我好喜歡畫畫。」時，你給予認可並附和：「是啊，畫畫是一件快樂的事情！」孩子就會更熱衷於畫畫。但是，如果你只是冷冷的說：「是喔……很好。」就會澆熄孩子難得有的畫畫熱情。這時，就算為人父母不說：「不要畫畫了！」孩子看父母的反應，也感覺得出來父母並不希望他們畫畫。

換言之，孩子的人生有可能因為父母親的冷淡附和而完全改變。其實，孩子隨時都在觀察父母，所以父母附和孩子時，一定要帶著感情。

本節重點

出自好意的隨聲附和，可以讓對方產生共鳴而動起來。

3 邊點頭邊說話，同步效應

我們會在無意之間，模仿自己眼前的人，他的表情或動作。

譬如，眼前這個人面露微笑時，我們很自然也會有笑容；當眼前這個人把手攤放在桌子時，我們也會把手放在桌上；當眼前這個人摸自己的頭髮，我們也會想摸自己的頭髮。這種現象叫做「同步性」（Synchrony）。

要暗示某人時，可以利用這種同步性現象，盡可能邊點頭邊說話。當我們邊點頭邊說話，對方也會跟著開始點頭。

非常奇妙，只要我們多點幾次頭，對方就會想接受我們所提出的意見、提案或要求。點頭就有這種暗示效果。

因此，只要能夠讓對方進入被暗示的狀態，大家不論提出什麼樣的建議，對方極有可能不會拒絕，而且還會說：「不錯嘛。」這種現象也是經過心理學的實驗驗證過的。

邊點頭邊說話，能讓對方說YES

加利福尼亞州立大學（California State University）的凱爾・湯姆（Gail Tom）做了一個實驗。他將一百五十八位學生分成兩組，請他們評價頭戴式耳機的新產品。

他們對一組學生說：「因為這個耳機是為慢跑所設計的，所以你們就假想自己在慢跑，邊上下點頭邊聽音樂好嗎？」這個理由

連談判也有效果！

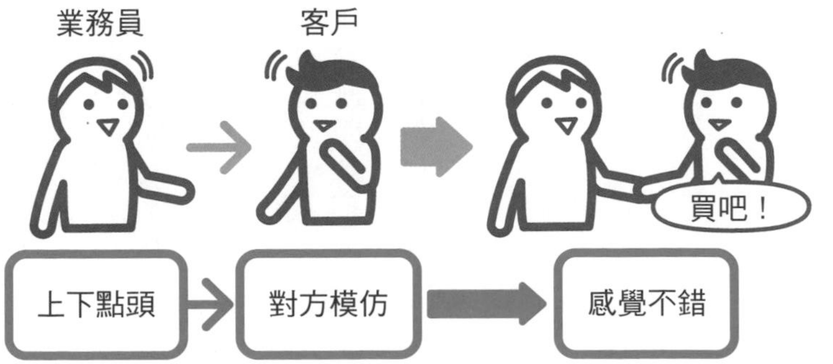

聽起來很合理，所以這組學生就根據指示照做。然後，尋問對這個耳機的好感度時，有六九・六％的學生給了這個耳機不錯的評價。

對另外一組則說：「這個耳機是為騎單車所設計的，所以你們就假想自己在騎單車，邊左右搖頭邊聽音樂好嗎？」結果明明是同樣的耳機，這一組的學生只有四六％的人給了正面的評價。

由於搖頭的人會受到這個動作的牽制，在潛意識討厭這副耳機。從這個實驗我們就知道，誘導他人時，自己要先邊點頭邊說話。看對方開始隨著自己點頭時，再提出自己的請求。

本節重點

自己先點頭，讓對方跟著做，就會想說YES！

4 讓他先說三個「是」，不要貿然進入正題

班傑明・富蘭克林（Benjamin Franklin）在美國人心中的地位非凡。他和人論辯時，會一步步提問，然後在問題中設下陷阱。

譬如，和人爭論時，如果正面交鋒，會讓人沒有面子。因此，就算爭贏了，可能也會讓對方討厭你，甚至對你反感，這應該不是大家樂見的。

因此，富蘭克林碰到這種狀況時，為了不讓對方有機會反彈，他會用誘導的方式提問，然後設法讓對方不得不接受他的說法。

「既然要做生意，就做可以讓大家都幸福的生意。」

「是啊，說得也是。」

「假設是做這種生意，像○○○您這麼慷慨的人，應該會想幫忙對吧？」

「或許吧！」

「事實上，我有考慮開一家可以讓人人都幸福的公司。您可以在資金上面支援我嗎？」

「好吧，只是小錢的話沒問題。」

據說，富蘭克林最擅長的，就是一步步拋下問題，並讓對方無從拒絕。

不過，富蘭克林可能是用了太多次這個方法，所以連他周遭的人也都知道了這個戰略。他在自己的自傳裡回顧：「他很幽默，但也非常謹慎。即使對於常見的問題，如果沒有事先問：『你這樣提問，到底是想如何推論？』他幾乎

將問題細分化……

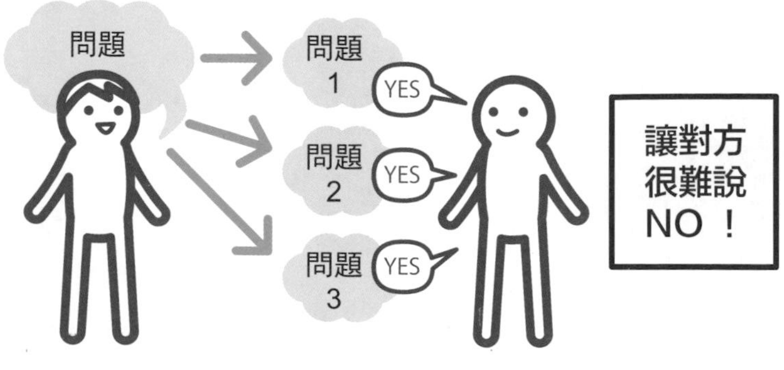

巧妙誘導的訣竅

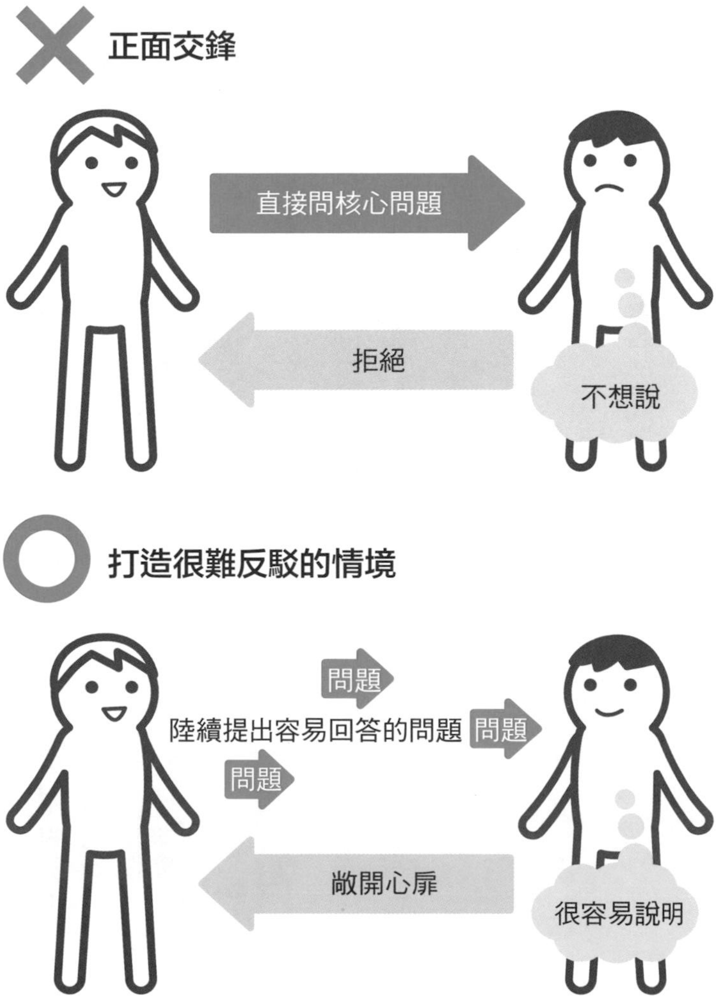
正面交鋒
直接問核心問題
拒絕
不想說
打造很難反駁的情境
問題
陸續提出容易回答的問題
問題
問題
敞開心扉
很容易說明

一概都不回答。」（《富蘭克林自傳》，岩波文庫）

由此可見，這個巧妙誘導對方的方法是有效的。除了富蘭克林的例子之外，在其他的實驗裡也可以明顯看到這個效果。

根據紐約市立大學芭芭拉．多倫溫德（Barbara Dohrenwend）的說法，經驗豐富的採訪者都擅長使用逐步誘導的提問方法。多倫溫德指出，菜鳥採訪者會貿然進入正題，讓對方有所警覺而三緘其口。但是，有經驗的採訪者，則會先陸續問一些對方可以順利輕鬆回答的問題，再從中套出對方的各種反應。

對對方有所求時，貿然就切入正題，不是高明的作戰方式。要像富蘭克林一樣，一步步讓對方上鉤才是上策。

本節重點

透過誘導讓對方回答YES的問題，取得協議的空間。

5 專家也會被騙？因為相信專業

我們都以為我們只接受自己能夠理解的東西，事實上，根本沒這回事。難懂、無法理解的東西，我們照樣能夠接受。閱讀艱澀的哲學書籍時，就算看不懂，我們還是會認為那是一本好書，大家應該都有這種經驗吧！

巴勒摩大學（University of Palermo）的馬爾可・塔巴奇（Marco Tabacchi），準備了兩篇文章讓一百五十名學生閱讀。一篇是用淺顯易懂的字詞所寫的文章，一篇是用大量難懂的神經科學專有名詞所寫的文章。

結果比起簡單易懂的文章，學生反而更接受有大量專有名詞的艱澀文章。

就算不知道是什麼意思，只要看到有專業術語，我們就會深信「這本書的內容一定很棒」而輕易接受。

用專業術語騙專業

紐約大學物理學教授艾倫・索卡爾（Alan Sokal），做了一個特別的惡作劇。他寫了一篇仿論文形式的論文，投稿到《社會文本》（*Social Text*）專業雜誌。這篇論文用了一堆看不懂的術語：

「在不遜於社會性的『實在』，也存在物理性的『實在』的基礎上，只不過是社會性的，而且是言語性的建築。曾被視為是定數，且普遍被接受的歐幾里得圓周率和牛頓的G（萬有引力常數），現在仍然是用難避免的歷史性解讀。」

覺得很難的書有價值

完全看不懂這段文章在說什麼，就連作者索卡爾也不知道自己在寫什麼。因為這是一段支離破碎、前文不接後語的文章。索卡爾投稿是基於惡作劇，但是令人訝異的是，專家級的評審竟然受理了。這篇投稿會被刊登在專業雜誌上，最吃驚的人應該是索卡爾本人吧！審定論文的評審或許也摸不著頭緒，但是就因為看不懂，認為這篇論文「好像在談某個高深莫測的議題」，因此就受理了。索卡爾這篇論文的來龍去脈，在《知識的騙局》（*Fashionable Nonsense*）一書中有詳細的記述，有興趣的人可以去看一看。

總而言之，請記住，使用專業術語，就可以簡單讓人受騙。

本節重點

難懂的文章，會讓人停止思考。千萬別輕易盲從！

6 指導部屬要正向誘導

暗示時，越能討對方歡心，就越能讓對方接受。反過來說，貶低對方、譏諷對方，讓對方不高興，就會很難讓對方被誘導。

大谷州立大學（Grand Valley State University）的維克多．德米特克（Victor Dmitruk），提供假的診斷結果給接受好幾個心理測驗的人。

他準備了兩種診斷結果。一種所寫的內容全是正面的。譬如：「你有自我批判的能力」、「你的潛能非常高」、「你的個性非常堅強」等。另外一種內容皆為負面。譬如：「你沒有自我批判的能力」、「你的潛能並不高」、「你的個性非常懦弱」等。然後，他問收到診斷結果的人：「你認為準確度有多高？」收到診斷結果全是正面的人，幾乎全體一致認為非常準。但是，收到診斷結果全是負面的人，回答「我無法接受」的比例比較高。

如果被人談論的是好事，我們會接受。但是，如果是刺耳或是不想聽的事情，我們會在不知不覺中拒絕。

因此，暗示他人時，要盡可能使用正面的表達方式。如果表達方式是負面的，對方極有可能產生排斥或抗拒的心理。

譬如，指導部屬時說：「你做事謹慎，提出的創意很容易就可以做得到！」會比說：「你沒有創造力，想出來的點子沒有一個出色的！」更能抓住部屬的心，更能引導部屬走入下一步。

本節重點

對於過於嚴厲的言詞，人會選擇充耳不聞。

7 恭維的話永遠管用

對於他人的恭維、稱讚，我們通常會欣然接受。據說拿破崙並不喜歡聽恭維的話，但是，當他聽到有人說：「恭維的話對陛下是不管用的。」時，他還是會露出並非完全不可行的表情。若他人評論自己的內容是正面的事，我們不會加以批判並完全接受。反之，如果是刺耳的話或是不想聽的事情，就會拒絕接受，並表示是誤會，然後把心封閉起來。

吹捧使人動起來

韋恩州立大學（Wayne State University）的羅斯・史塔格納（Ross Stagner），

讓六十八位人事負責人接受心理測驗。因為他們的工作和招募員工息息相關，所以已經非常習慣心理測驗，也非常了解心理測驗的實用性。

史塔格納把造假的診斷結果交給他們，然後再調查他們對自己診斷結果的接受程度。

收到診斷結果寫的是「你是喜歡變化和多樣性的人」，有六三％回答「準得驚人」。對當事人而言，這應該是令人開心的評語。

收到診斷結果寫的是「你不易受他人影響，會堅持自己的想法的人」，有四九％回答「準得驚人」。從這個數字可以推測，被人這麼說會令人高興。

但是，收到的診斷結果寫的是「你的夢想有點不切實際」，有四三％回答「診斷完全不正確」。

由此可見，「你不切實際」這句話，是不討喜的診斷結果。所以有四三％的人認為：「這個診斷根本在胡說八道。」

「你那麼努力，絕對會成功的。」

「雖然你現在還沒有做出半點成果，但是你的努力，全公司的人都知道。」

「沒有人會像你這麼勤勉。」

類似這些正面的評語，就算真的無憑無據，對方也會欣然接受。因為大部分的人，對於可

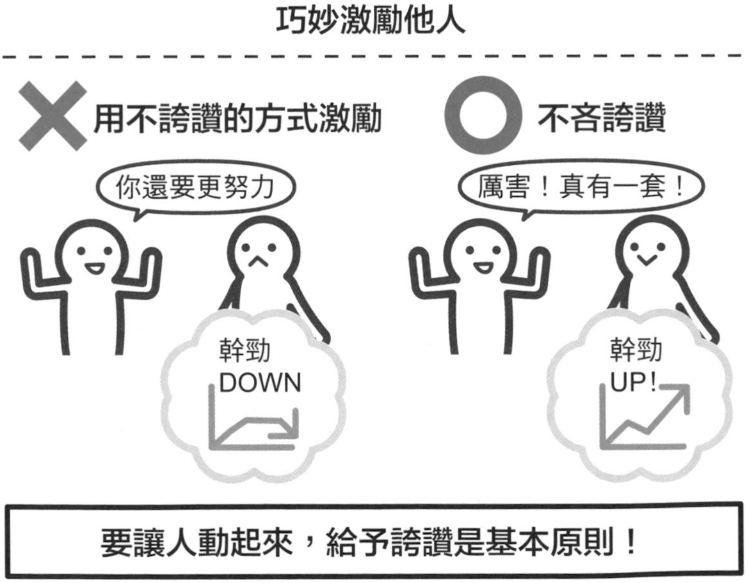
巧妙激勵他人
用不誇讚的方式激勵
不吝誇讚
你還要更努力
厲害！真有一套！
幹勁
DOWN
幹勁
UP!
要讓人動起來，給予誇讚是基本原則！

以讓內心蠢蠢欲動的話都無招架之力。

如果是聖人君子，或許可以接受刺耳的批判，但是大多數的人是無法接受的。所以不想聽的事情就選擇不聽，是很正常的反應。因此，絕對不要說對方無法接受的話，說這種話只會讓自己被對方嫌惡。

本節重點

想要引起對方注意時，要盡量誇讚對方，指責的話盡量少說。

8 提出很多問題，越能讓對方信你

只有三個問題和有三十個問題的心理測驗，你認為何者比較準？大部分的人應該都會認為題目越多越準。我們會認為被問得越多，就越能看清真正的自己，即使是無關緊要的問題也無所謂。

問題越多，對方就越會相信

堪薩斯大學的查爾斯．施耐德（Charles Snyder），透過實驗確認問題問得越仔細，獲得的信任度也會越高。施耐德把占星術師診斷的天宮圖結果，交給二十一名女大學生。但是，女大學生被問的問題數因人而異。有人沒被問任何問題、有人被問了出生年分和月分、有人被問了出生的年、月、日才接受診斷。

然後，施耐德再問女學生準確度有幾分，滿分是五分。結果，未被問任何問題即接受診斷的人，平均分數是三・二四分，被問出生年分和月分的人，平均是三・七六分，被問出生年、月、日的人，平均是四・三八分。

從平均分數來看，被問得越多，就越會回答診斷精準。看來好像提出的問題越多，我們就越容易相信結果。反過來說，要讓人相信自己，縱使是沒有關聯的問題也沒關係。因為提出的問題越多，越能讓對方相信自己。

因此，在交涉、談判的場合，盡可能熱心問客戶問題，並仔細聆聽客戶回話，就有可能讓自己在客戶心中留下好印象。這個技巧大家不妨試一試。

本節重點

與人交談時，事先多準備一些問題吧！

9 貼上期待的標籤，對方就會照做

即便是天生性格就冷漠的人，如果有人對他說：「你是一個非常溫暖、親切的人。」之後再面對講這句話的人時，他應該不會還是一副冷漠的態度吧！

因為，大部分的人幾乎都是希望自己的舉動符合別人期待。我原本就是一個熱愛寫文章的人。很多編輯都對我說：「內藤老師，您的工作速度真快！」真的很奇妙，被編輯這麼一說，我就會卯足了勁拚命寫。為了能夠在截稿日前交稿，我會埋頭一直寫。莫非編輯也懂得心理學，所以悄悄誘導了我？

總之，要某個人動起來時，不妨就把自己的期待加諸在這個人的身上，直接對這個人說：「我希望你做這件事。」

因為當有人把期待，譬如：「你是一個寬宏大量的人，現在我有困難，你應該會幫我。」放在你身上時，你就無法再擺出冷漠的態度了。

貼標籤讓對方點頭

賓夕法尼亞大學的羅伯特・克魯特（Robert Kraut）透過實驗發現了這個現象。克魯特拜託住在康涅狄格州紐黑文市的主婦為身障者募款。但是，只有四七%的人答應，而且每人平均募得的金額是〇・四一美元。

因此，克魯特在請求募款之前，先對主婦們說：「妳看起來是個非常寬宏大量的人。」於是，這次有六二%的人點頭答應，而且每人平均募得的金額增加了〇・七美元。

要叫某個人動起來做什麼時，可以在這個人身上「貼標籤」。譬如，「你是一個〇〇的人」。只要貼上這個標籤，對方就會按照標籤行事，這就是標籤效應。如果希望部屬接下海外的工作，或擔任成功率很低的專案負責人，就可以先

巧妙運用標籤效應

貼負面的標籤
工作
速度慢
不會
做事
不適合
這個工作
或許我就是
這種人………
我真的
不行！
喪失信心
貼正面的標籤
能力高
會做事
努力
不懈
獲得肯定！
我一定
可以的！
活躍

用正面的話，推對方一把！

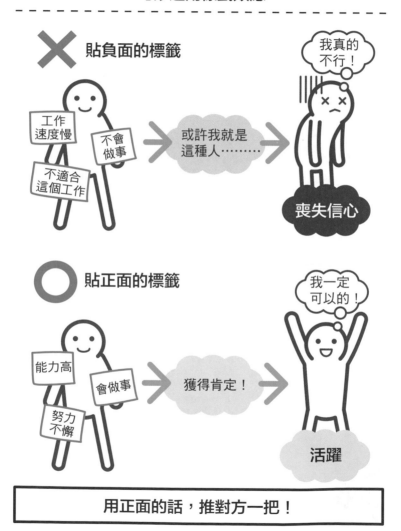

為部屬貼上許多標籤。譬如：「你是個勇敢的男子漢」、「沒人像你這麼有膽識」等。

先多貼上標籤後再切入正題：「事實上，有一個工作，但是……。」比起貿然提出請求，這麼做讓對方點頭答應的機率一定會高出許多。

本節重點

先在對方身上貼上鼓勵的標籤，就可以讓人有行動力。

傳達自己期待的心情

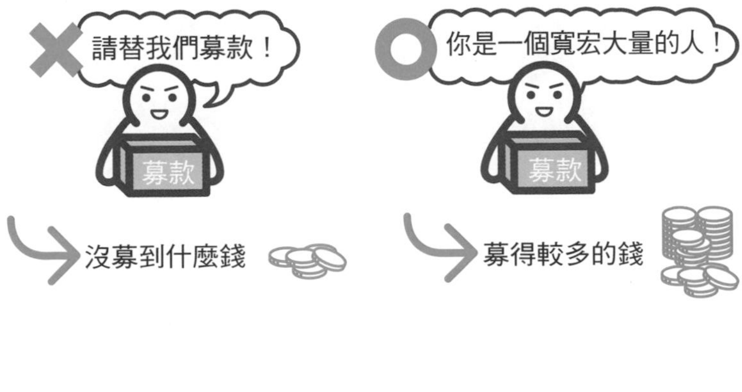
請替我們募款！
募款
沒募到什麼錢
你是一個寬宏大量的人！
募款
募得較多的錢

10 發出贊同信號，其他人就會有樣學樣

美國威奇托大學（Wichita State University）的威廉・奧克斯（William Oakes），做了一個非常有趣的實驗。

贊同促使大家有樣學樣

他讓受試者四人為一組進行群組討論，同一時間，待在別的房間觀察的心理學家，在參加者每提出好的建言時，就讓房間裡的燈一閃一閃。當房間的燈閃過好幾回後，參加者就知道「原來說這種話會獲得讚美」。於是，群組的結論就逐漸被誘導至可以獲得讚美的方向。

根據奧克斯說，七十二位參加者中，有四十三位由於燈的影響，改變了自己的看法。也就是有五九·七%的人受到了燈的誘導。

不在乎燈一閃一閃，繼續堅持自己看法的人，七十二人中有二十九人。也就是四〇·三%的人沒有被燈誘導。

這表示多數的人還是受到影響。

開會時，我們也會被一些微妙的暗示所影響。譬如，有人提出某個積極措施時，社長、董事們都露出了微妙的笑容。

於是，其他的與會者就全都一致開始發表具體措施。就算社長沒有開口說：「這個提議不錯！」其他的與會者，也會因為社長對最初的積極措施露出微妙的笑容，而注意到這個方向是正確的。

我想應該沒有人會故意想討人嫌。大部分的人在做某個動作之前，都會思考該如何做才會被誇讚。

因此，如果你的身分是主管，就請果斷誇獎一位部屬吧！「〇〇〇，你永遠都把桌子整理得乾乾淨淨，真是了不起！」其他部屬聽到你這麼說，應該就會開始整理桌子了。

本節重點

誇讚行為符合你期望的人，其他人就會有樣學樣。

11 社會性誘導法：「大家……」

「其他的人也這麼做。」、「這是大家選的。」聽到這種話，我們會無力招架。因為只要聽到「大家」這兩個字，我們會下意識認為：「我也要做。」

譬如，你想換電腦而到家電量販店，可是對電腦並不熟悉。當你請店員介紹好的產品時，店員就會給建議：「這個如何？多數的使用者都非常滿意。」

我猜想你應該八成就會買這個產品了。因為你會認為「既然是大家都滿意的產品，自己應該可以放心」。

誘導他人時，請記住好好運用「大家」這兩個字，因為它真的具有說服他人行動的魔力。

「請大家一起協助做資源回收。」
「請大家一起收拾乾淨！」
「請大家捐錢。」

被人開口這麼一說，就會很難啟齒說只有我不想幫忙。這種做法叫做「社會性誘導法」。所謂社會性就是大家的意思。說得淺顯一點，就是使用了「大家」這兩個字的誘導法。

「大家」都這樣，那我也要

德州大學的塞納・加本，讓六十六

「大家」這個名詞很響亮！

這是優良
產品喔！
沒興趣。
大家都
買喔！
似乎很
受歡迎！
或許不錯！

名幼兒（三到六歲）做了一個有趣的實驗，他請一位名叫瑪咪的人來幼稚園為小朋友說故事，結果之後再回家。一週後，加本再針對瑪咪的事情，問小朋友錯誤的問題。

首先，加本用普通的暗示法問：「瑪咪有戴一頂有趣的帽子對吧？」事實上，瑪咪來說故事的當天，並沒有戴有趣的帽子。加本會這麼問，是想調查小朋友會受到多少暗示。

於是，三歲的小朋友，有三〇％附和回答：「對，她有戴一頂有趣的帽子。」但是四歲以上的小朋友，只有一〇％的人這麼回答。

然後，加本再用社會性誘導法問：「瑪咪有戴一頂有趣的帽子對吧？我已經問過其他小朋友同樣的問題了，大家全都說有。」

結果，三歲的小朋友有八〇％、四歲的小朋友有五五％、五和六歲的小朋友有五〇％，都回答：「對，她有戴。」

如同這個實驗，如果用社會性誘導法操控他人，就有可能讓現場半數的人都受到強烈的影響。「大家」這兩個字，真的很實用，若想嘗試誘導他人，不妨試一試。

本節重點

在關鍵場面，可以使用「大家」這兩個字！

12 吸引人的廣告都在用的誘導

以色列某管理學院的奧倫・卡普蘭（Oren Kaplan），請八名擁有催眠療法師證照的催眠師看各式各樣的廣告，再請教他們這些廣告裡，使用了什麼樣的誘導技巧：

①「紅蘿蔔法則」：據說在馬的眼前吊一根紅蘿蔔，馬就會拚命追趕這根紅蘿蔔。人也一樣，只要把利益擺在人的面前，人就會想得到它。

②「重複、反覆法則」：重複數次想訴求的主題，是暗示的基本原則。

③「正面暗示原則」：不是強調「不胖」，而是強調「纖瘦」。這是一種把否定詞，置換成「正面、肯定的表達方式」的技巧。

④「負面暗示原則」：說反話吸引注意。

（例）「不要買彩券喔，因為你會成為大富翁！」

⑤「增加正能量法則」：對方做任何事都給予誇讚。

（例）「首先，請做〇〇〇！對對，做得很好！」、「接下來，請做這個！是的，很好，就是這樣！」、「最後，試著〇〇〇！你真是太厲害了！」

⑥「指示型暗示技巧」：明確告訴對方你希望他怎麼做。

（例）「你現在馬上到店裡去買〇〇〇！」

⑦「後暗示催眠技巧」：以某個動作為契機的技巧。

（例）「如果有搭車的話，請想到我們！」

就如同上面這個例子，先做出像是「離家時」、「吃飯時」等動作之後，再告訴對方該怎麼做的一種暗示技巧。

⑧「鍊式技巧」：用「鎖鍊子」把無關的事物，連結在一起的技巧。

（例）「越吃越愉快！」

⑨「對立的並列」：將相反的概念並列在一起。

（例）「酒越冰涼，心就越暖和。」

如果把善與惡、晝與夜之類，正好對立的概念並列在一起，會更容易刺痛對方的心。這個技巧就是架構在這種心境的轉折之上。

⑩「前提原理」：以某事為前提進行對話的技巧。

「重要的不是何時買，而是要不要買。」

這就是一個以「買」為前提，讓對話繼續進行的例子。

⑪「不言自明的原理」：強調這麼做是「理所當然」的技巧。

「東西好當然暢銷。而且，我們是這個業界的龍頭。」

根據卡普蘭的說法，將這些暗示技巧互相搭配使用，廣告效果會更高。

本節重點

吸引人的廣告，都會大量使用暗示。

13 很重要，所以說三次是有科學根據的

即使是錯的，只要有機會再看第二次，我們就會很容易相信那是「對的」。美國天普大學（Temple University）的林・哈瑟（Lynn Hasher），透過實驗證實了這件事。

重複說三次讓對方上鉤

哈瑟製作了一份大學生幾乎都不知道正確答案的問答題。題目包羅萬象，政治、運動、藝術、歷史等各方面的題目都有。

他讓學生解答這些問答題，每隔兩週停一次，總共要解答三次。每一次的

問答中雖然都有新的題目，但是還是會有舊的題目。

有一道題目是「莎士比亞妻子的名字是瑪麗」。其實這是錯的，瑪麗是莎士比亞母親的名字。雖然是錯的，但是這個題目出現過第二、三次之後，認為這就是正確答案的人竟然大幅增加。

由此可知，認為自己以前看過這個題目的人，不知道為什麼就回答這是正確答案。

就算第一次聽到的時候覺得荒誕無稽，但是同樣的話聽個兩、三

重複說3次！

1
就是這麼回事。
騙人的吧！
2
就是這麼回事。
是真的嗎？
3
就是這麼回事。
原來是真的！

重複說，對方的反應會逐漸改變。

次之後，有人就會逐漸相信這是真的了。

這是中國的一個軼事。聽到某人說：「妳的兒子好像殺人了！」的母親，一開始雖然相信自己的兒子絕對不會做這種事情，但是聽到第二個人也說同樣的話時，她開始感到不安。當第三個人也這麼說時，這位母親深怕自己遭受牽連，竟然光著腳逃跑了。

不論聽的是什麼樣的內容，只要聽三次，人就會相信那是真的。暗示時，或許第一次並不順利，但是，不要輕易放棄。

同樣的暗示如果反覆幾次，第二次可能就會比第一次順利，第三次的成功機率就更高了。

因此，誘導他人時要掌握一個重點，就是不要想一次就成功，而是想著「沒關係，多試幾次，一定會越試越順利」。

請試著對某位女性說：「妳一定會喜歡我的，我知道妳一定會的。」第一次，她可能會笑著不理會你。

但是，如果你再重複說幾次同樣的臺詞：「妳一定會喜歡我。」她真的就會喜歡上你了。

本節重點

被拒絕一次，不要放棄。請試著連續說三次！

14 用答案誘導答案，人會有自信

誘導的技術，不僅可以用來騙對方，也可以用來教孩子讀書、教後輩工作。譬如，教孩子算術。這時，如果只給孩子困難的題目，讓孩子一個人去解題，孩子不但解不出來，也會失去信心，因此，你要誘導孩子。當孩子因為解不出問題傷腦筋時，不要直接告訴孩子正確答案，而是要誘導孩子往正確答案的方向思考。也就是說，只要誘導他就可以了。

「已經分給別人的糖果，會增加還是減少？」

「這個題目，你覺得要用加法還是用減法？」

只要像這樣給予提示，孩子應該就知道怎麼解題了。而且孩子不會發現自己是在父母或老師的誘導下，才漸漸往正確答案的方向前進。孩子會認為是靠自己的力量算對的，如此一來，就可以建立信心。

誘導對方正確方向

紐奧良大學（University of New Orleans）的威廉・卡斯爾（William Cassel），讓幼兒園小朋友到小學四年級的學生，以及平均年齡二十歲的大人接受記憶測驗。他先讓他們看錄影帶，然後再針對錄影帶的內容詢問他們的記憶。

如果問：「這是誰的腳踏車？」答對的比例並不高。因為多數的人都不會記得這麼細的事情。但是，如果用誘導的方式問：「腳踏車是女孩的嗎？」誘導至正確的解答方向，答對的比例就會大幅提升。不論是小孩還是大人都一樣。

另外，卡斯爾也嘗試將實驗者誘導至錯誤的方向。他問：「因為腳踏車是媽媽的，所以女孩只是向媽媽借了腳踏車，對嗎？」想當然，答對的比例就大幅下降了。

除了教孩子外，教後輩或部屬工作時，也是只要將他們誘導至正確的方向就可以了。只要這麼做，他們就可以很容易找到正確答案。有了幾次成功的經驗之後，他們就會對自己產生信心，之後，就可以獨自、正確完成一件工作了。

本節重點

教孩子、後輩時，邊給提示，邊往答案方向誘導！

15 性格「真的」會因誘導而改變

有人認為，即使誘導某人做某件事，也只是當場、暫時有效而已。這些人認為，暗示的效果有限，而且並不持久。但是，事實並非如此，人會朝著被引導的方向逐漸改變。

因此，暗示的效果，不是當場、暫時性的變化，有時也會讓性格或行為產生持續性的改變。

暗示能操控對方個性

南密蘇里州大學（Missouri Southern State University）的克里斯多夫・雷恩

（Christopher Layne），讓兩百位大學生接受心理測驗，並給他們假的診斷結果。一半的人收到的診斷結果是「你是一個神經質的人」，另一半的人收到的診斷結果是「你是情緒穩定型的人」。

一週之後，這些人又再次接受同樣的心理測驗。結果如何呢？在前次測驗中被告知為神經質的人，在神經質這個項目的分數並沒有提高，但是被告知為情緒穩定的人，在情緒穩定這個項目的分數卻提高了。

僅僅一週的時間，人的性格就已經朝著受到暗示的方向改變，這真的是一個非常富有啟發性的實驗結果。

「你真的是個腦筋遲鈍的人耶！」假設前輩如此捉弄後輩。於是，這個後輩完成工作的速度越來越慢。前輩或許只是想捉弄後輩一下，但是，受到「腦筋遲鈍」暗示的後輩，真的越來越遲鈍。

如果你希望某人能夠對別人親切一點時，可以先把自己的原子筆、橡皮擦等小東西借給這個人。

當這個人把東西還給你向你致謝時，你就可以順口說：「你真的是一個非常親切的人。」只要給了這個人「你是個親切的人」的暗示，這個人對大家的態度，應該就會越來越親切、體貼。

本節重點

人的性格會照著所受的暗示改變。

附　錄

測試一下，你是容易被人誘導的性格嗎？

1 下午六點，人的判斷力最遲鈍

「用了誘導，卻沒有效果。」接下來，我要介紹給有這種感覺的人，幾個可以發揮暗示效果的訣竅。

首先，我要先談論暗示的時段。

通常，一般人都是早上腦筋最清楚，到了黃昏因為疲憊，判斷能力和批判能力就會越來越遲鈍。

如果人有易受暗示的時段，我們就可以選擇最佳的時間點誘導他人，讓暗示效果提升。

普度大學（Purdue University）的凱文·奧爾德里奇（Kevin Aldrich），請千餘名實驗參加者分成幾組，接受從上午八點開始到晚上八點為止，每隔兩小時一次的哈佛式暗示測驗。奧爾德里奇做這個實驗，是為了要調查易受暗示的時間。

只是，每位參加者只能參加一次測驗。會這麼規定是因為要排除練習效果。因為不論是催眠還是暗示，越練習就會越容易受到暗示。因此，如果同一個人反覆接受這個測驗，就會搞不清楚是時間改變了暗示的強度，還是根本就是練習的效果。

那麼，人最容易受到暗示的時間，到底是哪一個時段？

根據奧爾德里奇的調查，第一個高峰是正午。以九分為滿分來計算最容易受到暗示的時間得分，上午八點大約是三・七五分，上午十點大約是四・二五分，正午是四・七五分，下午兩點是三・七五分。

換言之，人在早上時段就會越來越容易受到暗示，到了正午達到高峰，過了正午到下午，又開始慢慢往下降，所以就會出現一個呈釣鐘型的曲線圖。

到了下午，分數就一直往下降，而之後也可以找到第二高峰。到了下午六點左右，分數約為四分，曲線又微微上揚。晚上八點，分數降到最低，約為三·二五分。

如果從這份資料思考，最適合暗示的時間，第一名是正午，第二名是下午六點左右。

據說善於操控群眾的希特勒，大都選在下午六點左右進行演講。或許希特勒是靠經驗得知，這個時段適合操控群眾心理。從黃昏到夜晚，太陽西沉的時段，總有一股濃濃的神祕色彩，所以連催眠和暗示的效果也都跟著提高了。

正午也是容易暗示的時間，但是因為

誘導效果最高點出現在「正午」

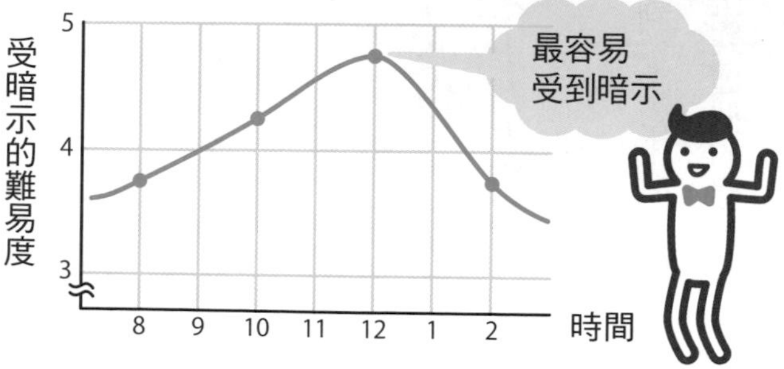

正午是大家的午休時間，所以你想誘導的對象，應該會忙得懶得理你吧！因此，就現實面而言，下午六點左右，應該是最容易暗示的時段。

本節重點

誘導效果最好的時間，是正午和下午六點左右。

2 體溫高時，自我暗示效果最好！

透過某個實驗，我們可以清楚知道，受暗示的難易度，竟然和體溫有密切的關係。

體溫高，談判才有效！

美國俄亥俄州克里夫蘭州立大學（Cleveland State University）的班傑明・華雷斯（Benjamin Wallace），調查過從上午七點到晚上十點這段時間，進行催眠的難易程度。

另外，華雷斯還調查了實驗參加者是午型人還是夜型人。較常聽到的分類都是朝型人（晨型人）、夜型人（夜貓子）。但是，因為華雷斯稱之為午型人，所以在這裡我也用午型人來稱呼朝型人。

根據他的實驗顯示，午型人在上午十點左右，最容易被催眠。午型人早上活力最旺盛，起床之後體溫就開始上升。

到了上午十點左右，體溫升到最高點。而這個時間，就是這類型的人最容易被催眠的時間。

比起午型人，夜型人最容易被催眠的時間是在下午一點左右。比起午型人，只是稍微晚了一點而已。

所以，要和早上活力旺盛的人談判，最好選擇早上的時段，尤其是早上十點左右是最佳時間點。因為這個時段午型人最容易接受暗示，或許會比較容易聽得進我們所說的話。

而中午時渾身沒勁的人，八成都是夜型人。如果談判的對象是這類型的人，我想最佳的談判時段應該是下午一、兩點這段時間。

另外，自我暗示時也一樣，要在自己體溫最高時進行。選這個時候進行，自我暗示的效果應該也會比較高。

本節重點

自我暗示時，要選體溫高的時候，才有效果！

3 你容易沉浸在音樂中嗎？

一個人是否容易受到暗示，稱為「被暗示性」。被暗示性越高，就表示越容易受到暗示。

心理學家開發了好幾種可以測定被暗示性的測驗。有哈佛式的暗示測驗、史丹佛式的暗示測驗等等，要判斷對方是否是一個容易受到暗示的人，除了這些測驗之外，是否還有其他的方法呢？

事實上，有。而且只要問對方一個問題就可以了。

只要問對方：「你聽音樂的時候，容易沉浸在音樂當中嗎？」就可以了，只要問這個問題，就能夠看穿對方是否是一個容易受到暗示的人。

易沉浸於音樂，就越易被操控

美國俄亥俄大學的邁克·史諾道格拉斯（Michael Snodgrass），讓兩百八十位大學生接受哈佛式的暗示測驗之後，將他們分成三個群組：被暗示性高的群組、被暗示性中等的群組、被暗示性低的群組。他以鑑賞音樂為名目，讓這些學生聽古典音樂，然後問他們是否能夠完全沉浸在音樂當中。結果，得到了如下的資料。

從這個結果我們就知道，越容易受到暗示的人，越能夠沉浸在音樂當中。也就是說，越容易受到暗示的人，越能夠集中精神投入在某件事當中。

因此，如果若無其事問一個人：「你聽音樂的時候會全神貫注，完全不理會其他的事情嗎？」如果是，就可以

接受暗示的難易度	高	中等	低
分數	5.07	4.45	4.26

※ 數值越接近 7，表示越能沉浸在音樂當中。
（資料來源：Snodgrass, M., et. al.）

斷定這個人，或許就是個容易受到暗示的人。

本節重點

在誘導他人之前，可以先調查對方接受暗示的難易程度。

4 面對權威，你常屈服嗎？

德國心理學家狄奧多．阿多諾（Theodor Adorno）所提出的心理測驗當中，有一種可以測定權威人格，叫做「F衡量尺度」診斷表。用來測定一個人有多保守、多畏懼權威，透過「教養、禮儀不佳的人，是個不合格的社會人」、「必須服從上位者」等項目來測定。

開普敦大學的克里斯多夫．奧本（Christopher Orpen），先讓八十七名高中生，接受測定是否有權威人格的心理測驗，然後再把假的診斷結果交給他們，調查他們對診斷結果的接受程度。所有人拿到的診斷結果，內容其實完全相同。

實驗結果告訴我們，被判斷有權威人格的人，比較容易接受假的診斷內容，對於權威有盲目服從的傾向。

「如果是醫生說的，就一定是正確的。」、「如果是主管說的，那個就一定是正確答案了。」他們會這麼想，不會懷疑權威者所說的話。對於這類型的人來說，「誰」說的比「說的內容」重要。有權威人格的人，大都頑固、度量小。有人或許會覺得這種人很難相處。其實，沒這回事。因為有權威人格的人對於權威完全無招架之力，所以我們只要善用權威就可以了。

人人都有讓自己抬不起頭來的人。如果是這樣的人物所說的話，有權威人格的人絕對會照單全收、不會有任何懷疑。因此，要和有權威人格的人過招，先決條件就是要找出，這個人到底對誰沒輒。

本節重點

面對有權威人格的人，就拿出權威者所說的話。

5 焦慮的人，容易盲從

堪薩斯大學的查爾斯．施耐德，讓六百位大學生接受測定焦慮的測驗，並選出前二〇％和後二〇％，共一百二十位學生。前者是高焦慮型的群組，後者是低焦慮型的群組。

之後，再讓他們接受心理測驗，並給他們胡謅的診斷結果後，以滿分九分的方式，測定他們對於診斷結果的接受程度。結果，高焦慮型群組的平均分數是六．二二，低焦慮型群組是五．一五。

這表示，高焦慮型這一組的人，連胡謅的事情都比較容易接受。容易感到不安、焦慮的人，也比較容易受騙，所以最好還是小心一點。

「我沒有焦慮症，我沒問題。」有人或許會覺得很放心，不過，還是請小心為上。就算個性上不算是個容易焦慮的人，還是會有因為情緒上的變化而覺得不安的時候。

譬如，要挑戰重大的談判或大考之前，無法保持平常心，總是有諸多擔心和害怕是很平常的事情。總之，我們或多或少都有焦慮、不安的時候，所以千萬別斬釘截鐵的說：「我沒問題。」

當你覺得容易感到不安的時候，對於別人所說的話，最好不要盲從相信。如果有人拜託你做什麼，不要馬上答應，至少考慮一個晚上，隔天再給答案。如果不給自己預留思考的時間，就有被騙、被詐欺的危險，一定要注意。

本節重點

感到焦慮、不安時，別人會見縫插針、趁虛而入。一定要提防！

6 像愛因斯坦一樣愛幻想，容易被操控

以下是調查暗示難易程度之後，所出現的一個耐人尋味的研究結果。

挪威奧斯陸大學的阿維德・阿茲（Arvid As），實際催眠了一百零二名女大學生，進行尋找出易被催眠者（容易受到暗示的人）特徵的實驗。結果，他看到了易被催眠者的共同特徵。首先，這類型的人都喜歡幻想。很多人甚至連現實中沒有的事情，或完全不合邏輯的事情，都可以思考、想像。

據說，愛因斯坦常幻想自己坐在光束的前端，在宇宙中飛來飛去，所以愛因斯坦或許就是個很容易受到暗示的人。

還有，不少容易受到暗示的人都有這種體驗，就是會覺得自己的身體好像不是自己的。常覺得「自己好像不是自己」的人，就是容易受到暗示的人。

另外，這類型的人也容易受暗示：在受到挫折或面臨焦慮、不安等的狀態時，會以原始、幼稚的方法，來應付當前的情景或降低自己的焦慮，例如總是想起小時候或是喜歡在河邊玩耍、喜歡組塑膠模型的人。

另外，幾乎不會懷疑人、對人總是抱持基本信賴感的人，很明顯也易受暗示。人品好、別人說什麼都相信的善良之輩，就是對別人有基本信賴感的人。但是，這類型的人就是易受暗示的人。

雖說易受暗示，但是他們的人格並沒有任何問題，所以大家無須在意。不過，還是要注意自己是否為易受暗示的人。

本節重點

想像力豐富、總是童心未泯、性情溫柔的人，都容易被暗示。

7 有自信的男生和沒自信的女生，最容易上當

南伊利諾州大學的尼爾・卡利亞（Neil Carrier），用「愛德華個人愛好檢查表」（Edwards Personal Preference Schedule）心理測驗，進行易騙之人的相關研究。

這個測驗做完兩週之後，他把裝在信封裡的診斷結果交給受試者。診斷結果報告中，寫了二十五種性格特徵。但是，受試者所收到的診斷結果都是一樣的。然後，卡利亞再針對這二十五種性格特徵，問受試者：「你認為有多準？」每一種特徵的滿分是五分。最後再把受試者分成兩個群組，累計分數高的人是「易受騙群組」，累計分數低的人是「不易受騙群組」。

之後，卡利亞即根據這個實驗結果，分析易受騙群組和不易受騙群組，發現這兩個群組有極大的差異。

結果，他揭露，就男性而言，「成就慾望越強的人」，越容易受騙。

就男性來說，越不服輸、越想出人頭地、越想有成就的人，越容易受騙。反過來說，不曾想過要飛黃騰達，覺得「如果責任這麼重的話，不如當一個小小的職員還比較輕鬆」、「如果當專案負責人，日子一定不好過，不如當個普通的成員就好」的男性，就不會那麼容易被騙。

那麼，女性呢？根據卡利亞的揭露，針對「自我貶低」這個項目來說，易受騙群組和不易受騙群組有落差。屬於易受騙群組的女性受試者，自我貶低的傾向非常強烈。

「反正，我什麼也不是……。」對自己的評價非常低的女性較容易受騙。自我嫌惡感強烈、自己討厭自己類型的人，會自卑、貶低自己。

有趣的一點是，就男性而言，相對於成就慾望越強、越想出人頭地的人越容易受騙；女性則是越畏首畏尾、越自我貶低的人，越容易被騙。不同性別出現的結果完全不同。

可惜到現在還是不知道，男女之間為什麼會有這麼大的差別。

總而言之，男性慾望越強烈就越容易受騙；女性的話，則是對自己沒有自信的人，因為對別人所說的話會照單全收，所以就容易被騙。

本節重點

對自己有信心的男性，和對自己沒有信心的女性，容易受騙。

8 正向暗示，描繪孩子的美好未來

孩子越小越容易受到暗示的影響。

孩子不會懷疑父母、老師所說的話，他們不會對他人加以批評，而是會認為「原來是這樣」就照單全收了。

康乃爾大學的史蒂芬．賽西（Stephen Ceci），讓來參加過大學夏令營的三到十二歲的孩子們，協助他進行一個小小的實驗。

他先為孩子們說一位名叫羅蘭的女童，第一天上學的繪本故事，然後在隔天給予暗示。這個暗示是「羅蘭吃了麥片後，覺得頭很痛」。事實上，故事裡的羅蘭是吃了蛋之後肚子痛。

看過繪本後的第二天，才開始進行記憶測驗。賽西確認了孩子們是否可以正確選出繪本所使用過的圖畫。結果，果真就如他所預料，年齡越小的孩子，就越容易受到暗示的影響（見下方表格）。

從這個比率我們就知道，三至四歲的孩子，有近六成都受到了暗示的影響。

從這個實驗可知，因為孩子極容易受到暗示的影響，所以為了孩子的將來著想，我們應該要給予很多好的暗示。

「你將來一定是一個很棒的男孩！」
「你的腦筋真好。」
「你的人生一定會一帆風順！」
「你一定能夠成為世界頂尖的運動選手。」

	3 歲～ 4 歲	5 歲～ 6 歲	7 歲～ 9 歲	10 歲～ 12 歲
答對的比率	37%	58%	67%	84 %

（資料來源：Ceci, S. J., et al.）

這些話說給大人聽，或許會被嘲笑「笨蛋，一派胡言」，但是，如果是說給孩子聽，孩子就會老老實實接受老師、父母所給的暗示。

本節重點

孩子們都會描繪美好的未來，所以給他們最棒的暗示吧！

9 世上最棒的誘導，「你一定可以！」

孩子們有時甚至會深信，別人所經歷過的事情，自己好像也經歷過。因為他們就是這麼容易受影響。

哈佛大學的米歇爾．拉特曼（Michelle Leichtman），以一百七十六名幼稚園小朋友為對象進行實驗。

他讓一位名叫山姆．史東的人拜訪幼稚園，並到幾個班級為小朋友說故事，說完故事之後，再讓他回去。

十週之後，拉特曼讓小朋友談談他們所記得的史東。結果，每一位小朋友都能正確無誤的描繪他。

史東只有在某個班上說故事時，打翻了飲料，弄髒了泰迪熊絨毛玩偶。但是，聽說了這件事的其他班級，三至四歲的小朋友有五三％、五至六歲的小朋友有三八％都回答：「他弄髒了泰迪熊！」甚至有三五％的小朋友也回答：「我真的看到了。」

這些小朋友只是聽其他班級的小朋友說，但是自己並沒有親眼目睹。儘管如此，他們還是斬釘截鐵說：「看到了！」

據說，拉特曼又再重複問：「你們不是真的看到吧？」還是有一二％的小朋友堅持說「看到了」。

孩子和大人不一樣，因為他們還無法明確區分幻想和現實的世界，所以有時會把幻想的事情，當成是現實世界所發生的事情。因此，當孩子在玩英雄遊戲時，對孩子本人來說，自己不是在扮家家酒，而是真正的英雄。

一流的企業老闆、頂尖的運動巨星，很多都是從小就被父母親灌輸：「你將來絕對會成功。」他們深信父母的暗示，因此就堅信自己一定可以。於是，就真的成了這樣的人。

這些人均異口同聲表示：「自己能夠有今天，全都是父母親的功勞。」所以我希望大家能夠多給孩子們，將來會讓他們感謝的暗示。

本節重點

暗示會在感受性最強的孩提時期，發揮最大的效果。

後記

「什麼暗示、催眠，全都是假的！」小時候的我也這麼認為。

但是，成為心理學家，看了各種文獻之後，我才了解似乎並非如此。暗示，既不造假也不騙人，是值得做科學研究的現象，而且我知道暗示真的有它實際的效果。

後來，我覺得閱讀暗示的研究論文非常有趣，所以不知不覺中，手邊就蒐集了一大堆資料。

「我想找個時間把這些資料歸納整理成一本書！」隨著這個念頭與日俱增，這一次我終於有機會讓這本書問世了。

要讓自己或別人動起來時，可以運用暗示，暗示可以用來做壞事、傷害人心，也可以給人力量，讓人擁有自己想要的人生，或改善緊繃的人際關係。

只要懂得靈活運用暗示，暗示就能夠成為讓人幸福的神奇道具。我希望閱讀本書的讀者，都能找機會使用讓人生快樂、讓自己和別人都幸福的暗示。

首先，就請積極的自我暗示，自己一定會幸福。「我每天都會越來越幸福。」、「我的身體天天都健康。」、「我的所見所聞都像玫瑰一樣閃耀！」大家不妨就從這種小小的暗示開始！

只要這麼做，就一定能夠感受到暗示的奧妙。身體不太舒服、無精打采、沒有幹勁、持續發燒時，自我暗示就會發揮減輕症狀的效果。請大家試一試！

最後，我要由衷感謝一直陪伴我的所有讀者，謝謝大家！我們後會有期！

參考文獻

- Ackerman, J. M., Nocera, C. C., & Bargh, J. A. 2010 Incidental haptic sensations influence social judgmentsand decisions. Science, 328(5986), 1712-1715.
- Aldrich, K. J., & Bernstein, D. A. 1987 The effect of time of day on hypnotizability: A brief communication. International Journal of Clinical and Experimental Hypnosis , 35, 141-145.
- Alter, A. L., & Oppenheimer, D. M. 2006 Predicting short-term stock fluctuations by using processingfluency. Proceedings of the National Academy of Sciences, 103(24) 9369-9372.
- Areni, C. S., & Kim, D. 1993 The influence of background music on shopping behavior: Classical versus top-forty music in a wine store. Advances in Consumer Research , 20, 336-340.
- As, A. 1963 Hypnotizability as a function of nonhypnotic experiences. Journal of Abnormal and Social Psychology , 66, 142-150.
- Association for Psychological Science. 2012 It' s all in the name: Predicting popularity through psychological science. ScienceDaily , June 11.
- Bar, M., & Neta, M. 2006 Humans prefer curved visual objects. Psychological Science , 17, 645-648.
- Bargh, J. A., Chen, M., & Burrows, L. 1996 Automaticity of social behavior: Direct effects of trait construct and stereotype activation on action. Journal of Personality and Social Psychology , 71, 230-244.
- Brauer, M. 2001 Intergroup perception in the social context: The effects of social status and group membership on perceived out-group homogeneity and ethnocentrism. Journal of Experimental Social Psychology , 37, 15-31.
- Brouziyne, M., & Molinaro, C. 2005 Mental imagery combined with physical practice of approach shots for golf beginners. Perceptual and Motor Skills , 101, 203-211.
- Burnham, T. C., & Hare, B. 2007 Engineering human cooperation. Does involuntary neural activation increase public goods contributions? Human Nature , 18, 88-108.
- Bushong, B., King, L. M., Camerer, C. F., & Rangel, A. 2010 Pavlovian processes in consumer choice: The physical presence of a good increases willing-to-pay. American Economic Review , 100, 1556-1571.

- Carrier, N. A. 1963 Need correlates of "gullibility". Journal of Abnormal and Social Psychology , 66, 84-86.
- Cassel, W. S., Roebers, C. E.M., & Bjorklund, D. F. 1996 Developmental patterns of eyewitness responses to repeated and increasingly suggestive questions. Journal of Experimental Child Psychology , 61, 116-133.
- Ceci, S. J., Huffman, M. L. C., Smith, E., & Loftus, E. F. 1994 Repeatedly thinking about a non-event: Source misattributions among preschoolers. Consciousness and Cognition , 3, 388-407.
- Ceci, S. J., Ross, D. F., & Toglia, M. P. 1987 Suggestibility of children's memory: Psychological implications. Journal of Experimental Psychology General, 116, 38-49.
- Ciani, K. D., & Sheldon, K. M. 2010 A versus F: The effects of implicit letter priming on cognitive performance. British Journal of Educational Psychology , 80, 99-119.
- Darley, J. M., & Gross, P. H. 1983 A hypothesis-confirming bias in labeling effects. Journal of Personality Social Psychology , 44, 20-33.
- Dmitruk, V. M., Collins, R. W., & Clinger, D. L. 1973 The "Barnum effect" and acceptance of negative personal evaluation. Journal of Consulting and Clinical Psychology , 41, 192-194.
- Dohrenwend, B. S., & Richardson, S. A. 1964 A use for leading questions in research interviewing. Human Organization , 23, 76-77.
- Ettinger, R. F., Marino, C. J., Endler, N. S., Geller, S. H., & Natziuk, T. 1971 Effects of agreement and correctness on relative competence and conformity. Journal of Personality and Social Psychology , 19, 204-212.
- Fichten, C. S., & Sunerton, B. 1983 Popular horoscopes and the "Barnum effect". Journal of Psychology, 114, 123-134.
- Garven, S., Wood, J. M., Malpass, R. S., & Shaw, J. S. Ⅲ 1998 More than suggestion: The effect of interviewing techniques from the McMartin preschool case. Journal of Applied Psychology , 83, 347-359.
- Ghazaleh, W. A. 2011 Psychological factors influencing consumers' buying decision process. Lambert Academic Publishing.
- Gilstrap, L. L., Laub, C., Mueller-Johnson, K. U., & Zierten, E. A. 2008 The effects of adult suggestion and child consistency on young children's response. Journal of Applied Social Psychology , 38, 1905-1920.
- Gresham, F. M., & Nagle, R. J. 1980 Social skills: Training with children: Responsiveness to modeling and coaching as a function of peer orientation. Journal of Consulting and Clinical Psychology , 48, 718-729.

- Halperin, K., Snyder, C. R., Shenkel, R. J., & Houston, B. K. 1976 Effects of source status and message favorability on acceptance of personality feedback. Journal of Applied Psychology , 61, 85-88.
- Halperin, K. M., & Snyder, C. R. 1979 Effects of enhanced psychological test feedback on treatment outcome: Therapeutic implications of the Barnum effect. Journal of Consulting and Clinical Psychology, 47, 140-146.
- Harris, J. L., Bargh, J. A., & Brownell, K. D. 2009 Priming effects of television food advertising on eating behavior. Health Psychology , 28, 404-413.
- Hasher, L., Goldstein, D., & Toppino, T. 1977 Frequency and the conference of referential validity. Journalof Verbal Learning and Verbal Behavior , 16, 107-112.
- Johansson, P., Hall, L., Sikstrom, S., & Olsson, A. 2005 Failure to detect mismatches between intention and outcome in a simple decision task. Science , 310, 116-119.
- Jones, J. T., Pelham, B. W., Carvallo, M., & Mirenberg, M. C. 2004 How do I love thee? Let me count the Js: Implicit egotism and interpersonal attraction. Journal of Personality and Social Psychology , 87, 665-683.
- Judge, T. A., Cable, D. M. 2004 The effect of physical height on workplace success and income:Preliminary test of a theoretical model. Journal of Applied Psychology , 89, 428-441.
- Kaplan, O. 2007 The effect of the hypnotic-suggestive communication level of advertisements on their effectiveness. Contemporary Hypnosis , 24, 53-63.
- Kraut, R. E. 1973 Effects of social labeling on giving to charity. Journal of Experimental Social Psychology, 9, 551-562.
- Labroo, A. A., Dhar, R., & Schwarz, N. 2008 Of frog wines and frowning watches: Semantic priming,perceptual fluency, and brand evaluation. Journal of Consumer Research , 34, 819-831.
- Laird, D. A. 1932 How the consumer estimates quality by subconscious sensory impressions with special reference to the role of smell. Journal of Applied Psychology , 16, 241-246.
- Layne, C., & Ally, G. 1980 How and why people accept personality feedback. Journal of Personality Assessment , 44, 541-546.
- Leichtman, M. D., & S. J. Ceci. 1995 The effect of stereotypes and suggestions on preschoolers’ reports.Developmental Psychology , 31, 568-578.
- Li, W., Moallem, I., Paller, K. A., & Gottfried, J. A. 2007 Subliminal smells can guide social preferences. Psychological Science , 18, 1044-1049.

- Lindsay, D. S. 1990 Misleading suggestions can impair eyewitnesses’ ability to remember event details.Journal of Experimental Psychology: Learning, memory, and cognition , 16, 1077-1083.
- Malott, J. M., Bourg, A. L., & Crawford, H. J. 1989 The effects of hypnosis upon cognitive responses to persuasive communication. International Journal of Clinical and Experimental Hypnosis , 37, 31-40.
- Mastellone, M. 1974 Aversion therapy: A new use for the old rubber band. Journal of Behavior Therapy and Experimental Psychiatry , 5, 311-312.
- 松本順子，2002，《與音樂氣氛誘導效果相關的實證研究》，教育心理學研究，50, 23-32.
- Mobius, M. M., & Rosenblat, T. S. 2006 Why beauty matters. American Economic Review , 96, 222-235.
- Morgan, A. H., & Hilgard, E. R. 1973 Age differences in susceptibility to hypnosis. International Journal of Clinical and Experimental Hypnosis , 21, 78-85.
- Newcastle University Press Office. 2006 “ Big Brother” eyes encourage honesty, study shows, Jun, 28th
- Oakes, W. F., Droge, A. E., & August, B. 1961 Reinforcement effects on conclusions reached in group discussion. Psychological Reports , 9, 27-34.
- Oberfeld, D., Hecht, H., Allendorf, U., & Wickelmaier, F. 2009 Ambient lighting modifies the flavor of wine.Journal of Sensory Studies , 24, 797-832.
- O’Byrne, R., Hansen, S., & Rapley, M. 2008 “If a girl doesn’t say ‘No’ …” : Young men, rape and claims of ‘Insufficient knowledge’ . Journal of Community & Applied Social Psychology , 18, 168-193.
- O’dell, J. W. 1972 P.T.Barnum explores the computer. Journal of Consulting and Clinical Psychology , 38, 270-273.
- Ohio State University. 2009 You can look-But Don’t touch. ScienceDaily , January, 12.
- Olivola, C. Y., & Todorov, A. 2010 Elected in 100 milliseconds: Appearance-based trait inferences and voting. Journal of Nonverbal Behavior , 34, 83-110.
- Orpen, C., & Jamotte, A. 1975 The acceptance of generalized personality interpretations. Journal of Social Psychology , 96, 147-148.
- O’sullivan, C. S., Chen, A., Mohapatra, S., Sigelman, L., & Lewis, E. 1988 Voting in ignorance: The politics of smooth-sounding names. Journal of Applied Social Psychology , 18, 1094-1106.

- Plassmann, H., O'Doherty, J., Shiv, B., & Rangel, A. 2008 Marketing actions can modulate neural representations of experienced pleasantness. Proceedings of the National Academy of Sciences , 105(3), 1050-1054.
- Poole, D. A., & White, L. T. 1991 Effects of question repetition on the eyewitness testimony of children and adults. Developmental Psychology , 29, 975-986.
- Prete, M. I., Guido, G., & Pichierri, M. 2013 Consumer hypnotic-like suggestibility: Possible mechanism in compulsive purchasing. Psychological Reports , 113, 162-174.
- Principe, G. F., Kanaya, T., Ceci, S. J., & Singh, M. 2006 Believing is seeing: How rumors can engender false memories in preschoolers. Psychological Science , 17, 243-248.
- Raikov, V. L. 1976 The possibility of creativity in the active stage of hypnosis. International Journal of Clinical and Experimental Hypnosis , 24, 258-268.
- Rosen, G. M. 1975 Effects of source prestige on subjects' acceptance of the Barnum effect: Psychologist versus Astrologer. Journal of Consulting and Clinical Psychology , 43, 95.
- Shiv, B., Carmon, Z., & Ariely, D. 2005 Placebo effects of marketing actions: Consumers may get what they pay for. Journal of Marketing Research , 42, 383-393.
- Sloutsky, V. M., & Napolitano, A. C. 2003 Is a picture worth a thousand words? Preference for auditory modality in young children. Child Development , 74, 822-833.
- Snodgrass, M., & Lynn, S. J. 1989 Music absorption and hypnotizability. International Journal of Clinical and Experimental Hypnosis , 37, 41-54.
- Snyder, C. R. 1974 Why horoscopes are true: The effects of specificity on acceptance of astrological interpretations. Journal of Clinical Psychology , 30, 577-580.
- Snyder, C. R., & Clair, M. S. 1977 Does insecurity breed acceptance? Effects of trait and situational insecurity on acceptance of positive and negative diagnostic feedback. Journal of Consulting and Clinical Psychology , 45, 843-850.
- Stagner, R. 1958 The gullibility of personal managers. Personnel Psychology , 11, 347-352.
- Stone, J., Lynch, C. I., Sjomeling, M., & Darley, J. M. 1999 Stereotype threat effects on black and white athletic performance. Journal of Personality and Social Psychology , 77, 1213-1227.
- Summers, T. A., & Hebert, P. R. 2001 Shedding some light on store atmospherics influence of illumination on consumer behavior. Journal of Business Research, 54, 145-150.

- Sundberg, N. D. 1955 The acceptability of "fake" versus "bona fide" personality test interpretations.Journal of Abnormal and Social Psychology , 50, 145-147
- Tabacchi, M. E., & Cardaci, M. 2016 Preferential biases for texts that include neuroscientific jargon.Psychological Reports , 118, 793-803.
- Tanner, R. J., Ferraro, R., Chartrand, T. L., Bettman, J. R., & van Baaren, R. 2008 Of chameleons andconsumption: The impact of mimicry on choice and preferences. Journal of Consumer Research , 34, 754-766.
- Tice, D. M. 1992 Self-concept change and self-presentations: The looking glass self is also a magnifying glass. Journal of Personality and Social Psychology ,63, 435-451.
- Tom, G., Ramil, E., Zapanta, I., Demir, K., & Lopez, S. 2006 The role of overt head movement and attention in persuasion. Journal of Psychology , 140, 247-253.
- Todorov, A., Mandisodza, A. N., Goren, A., & Hall, C. C. 2005 Inferences of competence from faces predict election outcomes. Science , 308, 1623-1625.
- Van Tilburg, W. A. P., & Igou, E. R. 2014 The impact of middle names: Middle name initials enhance evaluations of intellectual performance. European Journal of Social Psychology , 44, 400-411.
- Wallace, B. 1993 Day persons, night persons, and variability in hypnotic susceptibility. Journal of Personality and Social Psychology , 64, 827-833.
- Wansink, B., & Kim, J. 2005 Bad popcorn in big buckets: Portion size can influence intake as much as taste. Journal of Nutrition Education and Behavior , 37, 242-245.
- Wegner, D. M. 1989 White bears and other unwanted thoughts: Suppression,obsession, and the psychology of mental control. New York: Viking.
- Zaragoza, M. S., McCloskey, M., & Jamis, M. 1987 Misleading postevent information and recall of the original event: Further evidence against the memory impairment hypothesis. Journal of Experimental Psychology: Learning, memory, and cognition , 13, 36-44.
- Zaragoza, M. S., Payment, K. E., Ackil, J. K., Drivdahl, S. B., & Beck, M. 2001 Interviewing witnesses: Forced confabulation and confirmatory feedback increase

國家圖書館出版品預行編目（CIP）資料

做事輕鬆的人都很懂的正向誘導技術：命令，人會排斥；暗示，人會行動，世界頂尖大學實證，正向誘導，連個性都可以改變。／內藤誼人著；劉錦秀譯．－－初版．－－臺北市：大是文化，2020.06
304 面；14.8X21 公分－－　（Think；199）
譯自：人も自分も操れる！暗示大全
ISBN 978-957-9654-90-6（平裝）

1. 自信 2. 生活指導

176.8　　109005662

Think199

做事輕鬆的人都很懂的正向誘導技術

命令，人會排斥；暗示，人會行動，
世界頂尖大學實證，正向誘導，連個性都可以改變。

作　　　　者／內藤誼人
譯　　　　者／劉錦秀
責 任 編 輯／江育瑄
校 對 編 輯／郭亮均
美 術 編 輯／張皓婷
副　主　編／馬祥芬
副 總 編 輯／顏惠君
總　編　輯／吳依瑋
發　行　人／徐仲秋
會　　　　計／林妙燕、陳嬅娟
版 權 專 員／劉宗德
版 權 經 理／郝麗珍
行 銷 企 劃／徐千晴、周以婷
業 務 助 理／王德渝
業 務 專 員／馬絮盈
業 務 經 理／林裕安
總　經　理／陳絜吾

出　版　者／大是文化有限公司
臺北市 100 衡陽路 7 號 8 樓
編輯部電話：（02）23757911
購書相關諮詢請洽：（02）23757911 分機 122
24 小時讀者服務傳真：（02）23756999
讀者服務 E-mail：haom@ms28.hinet.net
郵政劃撥帳號／19983366　戶名／大是文化有限公司
法 律 顧 問／永然聯合法律事務所
香 港 發 行／豐達出版發行有限公司
Rich Publishing & Distribution Ltd
香港柴灣永泰道 70 號柴灣工業城第 2 期 1805 室
Unit 1805, Ph. 2, Chai Wan Ind City, 70 Wing Tai Rd,
Chai Wan, Hong Kong
電話：2172-6513 傳真：2172-4355 E-mail：cary@subseasy.com.hk

封 面 設 計／林雯瑛
內 頁 排 版／林雯瑛
印　　　　刷／緯峰印刷股份有限公司

出 版 日 期／2020 年 6 月初版
定　　　　價／新臺幣 340 元（缺頁或裝訂錯誤的書，請寄回更換）
I S B N／978-957-9654-90-6